生之吶喊

—梅占魁詩文選

梅占魁著
劉正偉編輯

文史哲詩叢
文史哲出版社

國家圖書館出版品預行編目資料

生之吶喊：梅占魁詩文選 /梅占魁著,劉正偉
編 -- 初版. - 臺北市：文史哲, 民95
面； 公分. --（文史哲詩叢；72）
ISBN 957-549-666-3(平裝)

851.486

文史哲詩叢 72

生之吶喊：梅占魁詩文選

著者：梅占魁
編輯者：劉正偉
出版者：文史哲出版社
http://www.lapen.com.tw
登記證字號：行政院新聞局版臺業字五三三七號
發行人：彭正雄
發行所：文史哲出版社
印刷者：文史哲出版社
臺北市羅斯福路一段七十二巷四號
郵政劃撥帳號：一六一八〇一七五
電話886-2-23511028・傳真886-2-23965656

實價新臺幣二六〇元

中華民國九十五年（2006）四月初版

ISBN 957-549-666-3

詩文的翹楚——序《生之吶喊》

向　明

台灣早年（四〇到五〇年代）有一批年輕人生活得非常辛苦。他們毀家紓難，跟隨政府（有些是抓丁來的）到了這個舉目無親，人生地不熟的島上。過著仍是被管束，毫無個人自由的軍中生活。物質的匱乏到了極點，還得以克難的高調來共體時艱，咬牙渡過，但精神的凋蔽則非任何動人的口號可以慰藉或振奮。好的是，這些自幼深受中國傳统文化薰陶和嚴格家教的年輕人，雖然一路風波險阻丟掉了很多身外之物（很多人都是身着一套破軍服上岸，別無長物），但潛藏在他們內心那份求知的執拗，和不甘苟活的上進心，卻永遠附身，任何困難都不能將他們打倒。他們抓住了每一丁點操課之外的時間，他們尋找任何可以充實自己的機會，重建他們的當下和看得見的未來。他們的努力和付出沒有白費，而今，半個甲子後的而今，他們一個個都是頂天立地的好漢，事業有成的完人。

梅占魁兄即是這樣一個從險阻中歷練出來的作家，他年輕時本來是服務空軍防砲部隊。民國四十二年當時的師大教授李辰冬博士籌辦中華文藝函授學校，分小說、國文和詩歌三個班次對外招生，一時社會、軍中失學青年紛紛投入這個無需文憑驗證，只需能繳交作品便可入學的函校就讀。梅占魁先入小說班，處女作中篇小說《生命的樂章》，虛構的一個愛情故事，曾於當時的《民聲報》連載。其後他又學寫新詩，投入詩歌班主任覃子豪老師的門下，詩作曾散見於《藍星周刊》、《青年戰士報》（現《青年日報》前身）及《聯合報》等副刊，也曾有作品發表於早期的《幼獅文藝》、《中華文藝》等刊物。在此期間仍有短篇小說在各報刊發表，用的是「桐蓀」的筆名。後作者脫離軍職，改當台北市政府的公務人員，由於公務的忙碌，需要安靜思考的詩暫時擱下，但計劃要寫的長篇小說一直在腦中佈局醞釀，直至民國九十一年末自公務人員退休家務減輕後重新執筆，於九十四年春定稿，長篇小說《緣慳。一世情》乃在香港出版。梅占魁兄文學的一生乃在此暫行劃一句點，而今由青年詩人劉正偉代爲收集整理他未曾出版的詩作和短篇小說及雜文，出版了這本《生之吶喊》。

　　我與梅兄都是覃子豪老師的門生，都曾接受老師的教誨和提携。由於同是渡海來台的失學青年，背景相同，所以對現實的感受和時代所加諸的挫折，幾乎都大同小異，因之在詩中所反映的觀點和採用的意象，也都相通，無非是懷鄉、處世、登臨懷古、時勢觀感等日常所見，生活所接觸的一些題材。詩法有「興、觀、群、怨」詩所遵從的「寫」的本質。另有「風、雅、頌」詩的內容所傳出的路向。新詩以至現代詩都不講究這些歸類，但仍脫離不了這種文字的章法。梅兄和我們初接觸詩的那個年代，仍未脫四〇年代抗戰詩的那點遺風，所以以朗誦詩的方式寫詩最多，《生之吶喊》中像《春天逝了》（驚聞胡適之先生逝世）、《隕落的巨星》（懷念詩人雪萊）、《生命之歌》（題獻「藍色多惱河」畔的史特勞斯），以至《長城謠的憶念》、《輕騎兵進行曲》、《哀捷克》等等凡屬有敘事背景的詩，多屬以誦的方式來起興，然後繞着主題讚頌或述懷。梅兄的詩要到那一長列的寫各種動物的作品，才動用比興的技巧，予以精巧的素直速寫。由於比喻，象徵，暗示，轉品，移情等修辭方法沿用在詩中，所以這類的詩雖外型短小精練，但內含卻特別豐富多彩，容易引發岐義，讀的人有時不免會會心一笑，但也有多疑者會以爲別有用心。記得民國四十六年的時候，梅兄的《動物素描》組詩發表在當時新創刋的《藍星詩刋宜蘭版》，其時我正在馬祖服役，藍星詩社寄來十本詩刋希望交由馬祖書店代銷，誰知雜誌擺出第二天即有保防人員透過書店來找我，問我這樣以獅狗虎豹的題材寫詩究竟是影射什麼？我說詩就是詩，不免會有所寄托，應該不會影射什麼特定對象。對方說，不管怎麼樣還是不放在外面賣好，拿去燒了吧！我只好二話不說的遵辦，找來火柴當場焚詩。這種事情在那個戒嚴的時代，是司空見慣的，沒釀成大禍，套上罪名，已是萬幸。但也可見「詩」這種文學作品，無論創作者或欣賞者都必須謹慎對待。

總括這本《生之吶喊》無論詩和文，確實都能代表早年那個時代，一個年輕人的心聲，這些心靈的吶喊，雖說都很微弱，文字的篇幅都短小，但卻是一個時代的記憶，這些屬於個人的記憶，其實都是大我所牽動的漣漪，也許不會在大歷史的洪流中顯現。但卻是其中不可或缺的一個小水滴；就個人言，以及個人的家族言更是無可代替，無比重要的光榮家族史。梅占魁兄不是一個職業作家，寫作更非他的專業。他祇能心血來潮時，興趣高昂時，動筆述其所感，錄其所志。寫與不寫都無時間的壓力。所以高齡作家梅占魁兄能有這麼些詩文整理出來向自已交代已算是詩文中的翹首了。

爲生存而吶喊

劉正偉

初識詩人梅占魁前輩是在覃子豪先生逝世四十週年紀念日，當天十多位覃先生的故舊、好友、門生等，相邀赴新店安坑墓園獻花祭拜和致意，以示追思與懷念。當時我正在收集整理《覃子豪詩研究》的資料，有幸與覃先生在抗戰時期於重慶砂坪壩「中央訓練團新聞研究班」前後期同學洪兆鉞先生與覃先生的函授學生梅先生同車前往，一路相談盡歡，並慨然允諾相助。

不數日，即分別前往兩位前輩府上拜訪，其中梅先生把所有半世紀來新詩資料的收藏、寶貴的絕版詩刊與剪報，如《公論報·藍星週刊》、《藍星宜蘭分版》、《中華文藝》、《論現代詩》以及與覃老師的往來書信等，都慨然贈與，並謂資料應該都給有用的人。這些絕版的第一手資料，是我書中論述的重要依據與可靠來源，他的信任與慷慨，著實令我萬分感動。繼而發現在這些資料之中，有非常多梅先生的早期詩作，質與量皆非常可觀，尤其是《動物素描》有諷寓當權者與嚮往自由的精神，在當時鞏固領導中心與反共戰鬥文藝政策下，更需要極大的勇氣與膽識，在同期眾多詩人作品中實屬罕見的歷史意義，具有特立獨行的先知先覺精神。於是，基於感恩與回報的心情，乃主動邀約願代為整理眾多作品，邀請詩人出版具有大時代歷史痕跡的詩文集，以為歷史做見證。「凡走過的，必留痕跡。」更希望因此有更多小眾歷史的出現，聚沙成塔，當能匯聚成大時代的原貌。

《生之吶喊》是詩人選定的書名，對照書中的內容，為生存而吶喊，實在貼切不過。由於戰後的國民政府退守台灣，面臨著「退一步即無死所」的生死存亡的迫切問題，所以嚴厲的反共政策與箝制人民各種自由的權利，如言論、集會、遊行、出版、政治選舉…等等的天賦人權皆被控制與剝奪，各種特務如影隨形，何時被關押或無故離奇失蹤皆不可測，無形中形成寒蟬效應的「白色恐怖」，所有對自由與生存權利的渴望，只能暗自在內心深處發出強大的吶喊，那是多麼苦悶的年代呀！若非我外祖父被日軍拉伕遠赴南洋，半年後病死他鄉；祖父在四十一年因某「白色恐怖」案件而被關押十年，家族一直以來因此對政治言論等皆噤若寒蟬，我將無法體會當時嚴肅的社會。

由詩人詩作中，可以看出他和胡適、雷震…等人皆是崇尚自由主義的人格者。雖然書中的詩選部份許多仍是初拜入覃老師門下而開始學習的習作，分行、段句與詩語言仍有許多可以再精鍊之必要，然而這是以今人不公平的新詩成熟期過後的眼光來看的，在當時新詩摸索期來說，實屬前衛與翹楚：輯一：《傷逝》部分，係追懷胡適、雪萊以及故友舊情等的力作，透著浪漫主義的感傷；輯二：《山河戀》是到台灣初期輾轉各地登高臨海、懷鄉念舊的感嘆，有著當時大部分「鄉愁詩」共通的情境與濃愁；輯三：《生死戀》在造境與語言有更豐富的感情，主要在探討感情與生命的意義，而滲透了更多的個人的詩想於詩中；輯四：《浮世繪》部分，則是屬於寫實主義成分較多的部分，主要描寫週遭發生的人事物，偏重於周遭社會問題發生的描述、探討與關懷，例如：〈逃兵〉、〈護士〉、〈拾荒的孩子〉…等。各輯有各自的特色與訴求。然而，輯六：《動物素描》卻是更令人關心與捏把冷汗的代表作。

本書輯六：《動物素描》前十六首短詩，發表在《藍星宜蘭分版》四十六年二月號，是對自由與生存權的發抒與渴望，據作者透露主要是想表達當時的人們，如同生活在動物園中的囚禁動物，非常的荒謬與可悲，毫無自由可言。然而詩中有多篇表達對當權者的描述與諷刺，差點造成作者本人、主編覃子豪與當時軍中詩人向明先生等人的「文字獄」。文字獄向來是中國傳統當權派對付政敵或整肅「異己」的絕佳利器，萬幸當時政工人員的維護而非告密，一念之間，得以逃過一劫；或者他覺得詩人們並非政敵，亦非異己，只是發發牢騷罷了。無論如何，作者在一片戰鬥文藝聲中，本於良知與本能，真誠的寫出了心中的苦悶與理想，實屬難能可貴，證明其勇氣可嘉也，例如第一首〈獅〉：

你的王國，你的群臣呢
你的尊嚴，囚於鐵檻

飛鳥歌頌自由

喚起你王者之夢？

這首〈獅〉以動物園鐵欄裡的獅子作比喻，不僅直敘描寫獅子原是非洲草原裡的萬獸之王，如今卻失去自由在鐵籠裡苟延殘喘的情形，不僅暗示個人人身的不自由；更有暗喻當權者因種種政策失利或其他因素導致從大陸撤退而蝸居寶島的窘境。一首詩卻可以讓人有三種以上的聯想，確實高竿，其他詩作內容亦同樣可以引發更多的聯想，需要讀者親自去細細品味與尋幽訪勝，才能獲致柳暗花明的驚嘆。

梅前輩的小說更是他最愛的初衷了，功力與新詩創作一樣出類拔萃，他最早更是以小說創作聞名於文壇的。書中的小說部分，第一篇《故鄉戀》描寫故鄉巢湖附近的人事物，尤其與三爹情同父子的互動，描寫生動處，人物栩栩如生、彷彿歷歷在目；情節感人肺腑、直可賺人熱淚。我和內人分別打字和校稿時，拜讀再三，仍紅了眼框、不能自己。

人如其文，文如其人。詩人的作品一如他的爲人，其真且誠。「真」是一切作品評斷的基本依據，爲求其真才有動人的基本因素。總結詩人的創作，一言以蔽之，爲其「真」也。《生之吶喊》爲其一生逆境中，爲求自由與生存而發自肺腑之吶喊。

正偉 謹序二〇〇六・三・二〇　於桃園

自序

套句佛陀的話說：人皆有佛性。吾僭越地說：「人皆有詩性。」正如悟道成佛，有賴後天的修行；詩性，亦有賴環境的烘焙，自身的努力，才能開花結果。民國三十年代末期，眾多軍人從大陸撤退來台灣，年紀較大的，身經抗日、剿共，本身就是一冊中華民國現代的史詩。年輕的，目睹抗日戰爭慘勝，全國悽戾的狂歡，亦生「見賢思齊」，從軍報國的熱忱。政府播遷來台後，在初期整軍經武之餘，在上位者基於「反共復國，鼓舞民心士氣」，倡導軍中文藝、戰鬥文藝。說實在的，十多歲自願或拉夫從軍的娃兒們，對中國古文學多處入門階段；寫古詩，大多不具備那份功力；其形式也與時代脈搏隔了一層。在少數先知、智者的引導下，乃走上新文學之路；其中一部分跨足「新詩」領域。

中華民國「在台灣」的新文學蓬勃發展初期，在反共政策的導引下，正確點說，在歌功頌德、麻痺自己，更期望麻痺大眾的洪流中，有一般「萬山不許一溪奔」的清澈的山澗，帶著本身流過礫石、懸崖激發出清脆聲響，擠出群山，流向前村；一大片廣袤的前程在等待他們。在大時代的洗鍊下，而今，卓然立於這片土地上的，正是他們。我，受限於文學素養，天資悟性和表現的技法，在未流過群山的懷抱，就已淘汰出局。這裡，我說個小故事，是事情發生後近半個世紀，在偶然機會中，當事人親口說的：刊登本書《動物素描》組詩詩刊主編，請一位遠赴馬祖的軍中年輕詩人帶一些詩刊在當地寄售，迅即被駐軍政工人員告知，說該詩思想有問題，勒令下架。差一點使他的老師和年輕詩人惹上麻煩。果爾，他今天也許不能爲本書寫序了。這也叫做「緣」吧。思想，本是天空任飛翔的；如今卻似一粒彈珠困在茶杯中，仰望有限的天空，不祇不能飛翔，卻動輒得咎，是多麼地可哀！

去年初夏，劉正偉先生於研究覃子豪先生詩作之餘，鼓勵我收集陳年舊作，代爲編輯出版。他的理由令我感動：猶如拼圖，拼湊出那個時代的原貌，即使是沒有色彩的一小塊，也有它陪襯的價值。彼時寫的多沉溺於形象的表現，摸索於意象的霧靄，所謂「眼高手低」，唯其感觸是真實的。乃將在四十七、八年彙集的，曾經過覃子豪老師審閱的塵封舊稿，和一些手頭尚存，爾後的一些「雜碎」，拼湊出這質、量均薄的一本。類多假借事物，抒發當時大氣壓力下一己感觸，或可謂卑微的哀嚎，或細弱的吶喊。所謂「敝帚自珍」，一生播遷流離、風雨浸蝕，這本小冊子能「重見天日」，也是它「福大命大」了。讓爾今爾後的年輕人，能一窺那個篳路藍縷時代的年輕人，在那懷鄉、苦悶的生存背景下，所宣洩的滲雜著沙粒，早已自人間蒸發的點滴山澗。

我嘗說：「人生如跳島戰爭，如短篇小說。」尤其在這個科技高度發達、瞬息萬變的工商業時代，在職場上、和即將進入職場的年輕人，都有一份不安定、不安全感。每天看到電視上有些青少年沉湎於電玩、網路；或爲生計所逼，極少數因而誤入歧途，演出一些血淋淋的鏡頭，我的心如撕裂般痛！誰無父母？誰不曾爲人子女？又誰能幫助(她)們，救救他(她)們呢？相較於那個時代我們這一群傻傻的、貧困的，而四週有那麼多關心我們、教誨我們、提携我們的師長；又能擠出一些悠閒的時間，生活著、嘻笑著、寫作著，實有幸與不幸之歎！「鑑古知今」，若能從我們這些即將作古的今人人生經驗中，汲取到一絲絲的養分或訊息，或可開拓出另一片天地，匯聚成另一股如宋儒楊萬里期盼的「堂堂溪水出前村」的巨流。我們大家共同期望著、奮鬥著，努力地創造那清明、安和樂利的新世界。

生之吶喊

梅占魁詩文選

梅占魁 著　劉正偉 編

目錄

輯二：山河戀

輯三：生死戀

輯四：浮世繪

輯五：人間道

輯六：動物素描

乙・小　說

丙・雜　記

甲·詩選

插圖：梅譯云

甲·[illegible][illegible]

輯一：傷逝

春天逝了

——驚聞胡適之先生逝世

不是北國，沒有簷冰
而雪卻長年飄落著
　飄落自第十一洞天
　　飄落於空中
　　　臉上
　　　　心頭
掩蓋了櫻紅，遮阻了春天
沒有燦然綻放的花，啘囀爭鳴的鳥
即使是季節性的點綴
有的祇是雪，冷酷的雪
染白了不屬於冬天的土地

染白了髮、及其下之腦、更下之心

在雪中
一隻迷誤的燕子
凍結起春之嚮往，剪落飛翔
啣泥丸以封鎖呢喃
唯有諦聽，那春的聲音
　靜候，那春的步履

……………

然而，春病了，在特一號病房

病房是白的，飄落的雪是白的
而春天是屬於有聲有色的
　白色的門，關不住春
　落雪的世界，留不住春
春，默默地、寄一封認真的信

喝一杯熱情的酒
而後，春天走了
　正如降臨時一般
有說有笑地、播下種子、播下希望
以及輕輕的愛的斥責走了

不，仍是演講時飛揚的神采
含笑地、和煦如春，栩栩如生
舒暢地靜臥於無神的「極樂」世界（註）
而肅立足前，第一次面謁大師的我
喜不出來，笑不出來
淚、如雨、落著
於今，憶起，如昨
微笑靜臥，栩栩如生
老淚，如雨，落著

註：極樂，早期台北市民權東路極樂殯儀館

一九六二、二、二十四初稿
二〇〇五、七、二十八修定

隕落的巨星

——懷念詩人雪萊

在這被「群鬼」統治的世界
您閃光的步伐，踏破了黑暗底秩序
飛揚的思想，剪落燕尾服的虛狂
病瞶的心，聽不進您嘹喨的歌聲

人們圍剿您的理想，扭曲您的路
您艱辛地在大道上邁步前進

以靈魂之光，照亮四周黑暗
以思想的花朵，芬芳臭惡的人間

洶湧的人海未能顛覆您
美麗的斯半基海灣
吞噬您乘風破浪生命之舟「同其安號」
第三十支血淚凝注的紅燭熄滅了
光芒卻輝耀於奧林帕斯之巔（註）

註：Olympus，希臘山名，最高峰九七九四呎，希臘人視為眾神居所。

《中華文藝》第五卷第三期　四十五年十月一日

生命之歌

——題獻「藍色多瑙河」畔的史特勞斯

去遠了，那載著一對知音人的馬車
維也納的森林中，不再有
敲響大地心臟的蹄聲
向戰神抗議的咩咩的羊鳴
歌頌黎明的林鳥
吹響自然之歌的牧笛……
悲戚的森林仰視蒼穹
叩問宇宙底意志爲何

史特勞斯黯然獨倚多瑙河畔
痛苦的思想留連於曾吻過

載去伊人之船的河水
熱戀的心，發出絕望的呼聲
「沒有上帝，到處是錯誤的安排
啊，卡拉．唐訥，卡拉．唐訥……」

夜逝了，夢醒了，可愛的影像
躲在他靈魂的深處微笑——
朝霞吻紅了浣衣女的粉頰
浣衣女純潔的笑，淨化了凡塵
獨木舟搖醒了甜睡的河水
歌唱的流水，唱破了旅途的寂寞……
他以生命底音符，凝固了流遷的一切
邀請伊人，卜居於不朽的音樂之宮

他崇高的思想，引導我的靈魂
漫遊美麗的音樂王國

我散步於「維也納森林」
徘徊於「我們年輕時的一天」……
當我來到憂鬱的「藍色多瑙河」畔
我愉悅的心，即向歡笑告別
讓點點淚光，滴碎我寂寞的旅程

《中華文藝》第五卷第二期 四十五年九月一日

風 景

沉重的山，障以
　朦朧白
　　黯淡綠
漂泊的雲
平和地舒展

擁擠的草
柔弱地・搖著
否定的頭
覆視的蒼穹
無言，無睹

一場戰爭
於室中
不見刀光劍影
不聞隆隆轟擊
敵人，奔馳於血路
構工於心臟地帶
進擊於原子塵之外
劍戟之外
鐳射線之外
華陀刀鋒之外

精神・肉體
不能爲整體自證
求證於繫結兩極的心電
延伸的，脈動
繪地形圖
尖峰
丘陵
地 平 線
一座青山，乃頹然爲
潛伏的，微不可捕之敵
夷平
走了，扃閉一室
太平

未聞足音
未見形移
未攜分文
遺落
一片號啕
一片喟歎
一片毀譽
以及，吮吸
四百個日出
精子，蛻變的，於
身
外

沉重的山，障以
朦朧白
黯淡綠

連綿的雲
平和地伸展
擁擠的
草，無一失踪
柔弱地，搖著
否定的頭
覆視的蒼穹
無言，無睹

附註：故友楊宗榮患急性血癌，目睹自急救至逝世，不過半小時，守靈太平間外，以待其弱妻携牙牙學步幼女奔喪，人間慘事，曷有甚於此？仰視蒼穹，俯視野草，一切未變，而斯人已逝！或非天道無情，乃大我之運行？

《主流詩刊》第十期　民國六十二年三月十日

輕騎兵進行曲

——兼致秋野兄

來了，兩匹昂揚的駿馬
來自二十世紀的三十年代
來自有著茂盛水草的江邊，湖濱
以仰天長嘯，畫自由的音符於藍天
以不倦的足，踐踏著不平之路
寫馳騁的夢於哭喊的大江南北

當馳騁的夢被囚於變色的河山
自由之歌，消失於密垂的夜幕
追求自由的足，乃吻別芬芳的故土
踏碎憤怒的海浪

駐足於長春之島，秣馬以待
循著來時的路，跨波而歸
重溫馳騁的夢於受難的土地

《青年生活》第一卷第二期　四十六年十一月

邂逅（一）

落雨如落塵
猝遇於非出塵，非虹
跨越金龜車而過的
湘音更
濃，風霜更

濃，溶於墨
以不惑之筆
叱開塵霾
收穫，澹澹的
微笑，和諧（註）

註：曠中玉詩句：「微笑畢竟是某種和諧的展示」

《秋水詩刊》第九期　六十五年一月一日

邂逅（二）

茫茫夜
溯
馳笑於漠地
時間小溪，明麗

鑒髫髫，顰醫
一仍不惑之兔（註）
繫以不惑之絲
非繩，非赤
裸，趺坐
溶於溪
以目，以靈，以輕
撫，絲，絕
溪，遁失於漠地
遺落一衾冷濕

註：民國四十年，歲次辛卯，年肖屬兔

《秋水詩刊》第九期 六十五年一月一日

輯二：山河戀

再會吧，朋友

狂風掀去「宀」頂
我乃成一頭「豕」突
從此，山林險阻，寒氣侵襲

你爲我燃起一爐友情之火
快樂的火燄，在我冰結的心湖舞蹈
於是，憂鬱的秋，寒冷的冬
均自我生命的時序中逃遁

在這哭泣的時代
我抖落自身悲歡

奔向拯救受刑的祖國的行列
別了，朋友，在
民族巨人笑聲中再見

《中華文藝》第四卷第三、四期　四十五年五月四日

太空圖

雨過了
一座虹橋，自山麓，搭向
不可渡越的彼方
聽說，那地面是碧玉砌的
上面鑲嵌著不滅的星
在割裂的天庭，礫石閃爍如銀的河床之東
有不朽的戀曲四向漾播

自西方視之，乃發自金色之琴
由東面觀之，乃紡織女郎歌聲
豐美的維納斯，裸臥於滿天星之花叢中（註一）
把玩著金蘋菓，回憶挑起特洛城十年爭戰的往事
邱比特張著金箭，飛翔於星際間
一切的傳說是那麼美好，一如夢境
夢，是在目無所獲時完成的

昂首天際，欲攀緣橋
卻摔回原地
我，笑了，笑自己健忘
天空不是碧玉砌的
星球更醜陋，灼熱得沒有生命
那戀曲，祇是奧菲伊斯男性的感傷（註二）
而維納斯是用情不專的
邱比特乃一私生子

這些，我早就知道啦

註一：滿天星，花名，春秋開花。
註二：ORPHEUS 古希臘音樂家，熱愛其妻，妻亡後，終日以琴韻自遣。死後，其琴被天神 ZEUS 製成天上的星座，即天琴座。

五十一年元月二十四日

飛揚的塵埃

你是自天國墜落
思凡的隕石的遊魂
抑是嚮往天堂
躍自泥土中的飛塵
失去你的嚮導

海水將沉沒環遊天地的美夢
大地在渴望雨的豪飲中
憔悴得一如沙漠
天空將褪盡生命的光彩
世界陰森、寂滅，一如火星

《海洋詩刊》第三期　四十六年九月

山

巨人般，聳然跨越空間
奔騰的時間底洪流
在廣漠的空間平原上沖刷著
凱撒、忽必烈、拿破崙……
跌下歲月底快馬

黃沙掩蓋了他們顯赫的軀體
了無痕跡
你，岸然俯視的巨潮
帶走你腳旁泥沙
將你滋補得更雄偉

哲人般，用沉默的智慧
叩開生命的奧秘之門
蒼鬱的綠髮，拂去星月的塵土
招來風、鳥合奏的交響樂
摩天的峰臂，捧出燦爛的朝陽
生命的氣息，化作朵朵白雲
而你從未想過
去掠奪
一頂王冠，或一顆寶石

你悲憫注視著紛擾的塵寰
攤開手，任愚蠢的人類
在你的肩頭，砍伐插天的古木
你敞開胸膛，讓貪婪的手
自你的腹內摘取珍寶
你期望：芸芸短視者
掘開你智慧的寶藏
窺測自然的神奇

《中華文藝》第三卷第三期　四十四年九月二十一日

山底召喚

揹菊黃背包，繫草綠水壺，穿登山鞋
馳過睡眼迷濛福和橋

馳過赳赳武士身旁
——星期天，朝山，非進香

自登山口，循路標向上
以穩重的步伐，目、腳、手、腦
並用，丈量苔石、茅莖、盤根
鹹澀汗雨滴潤葉泥

山澗奔騰頂空
鳥清啼、葉顫鳴、風伴奏
踏凝重節拍——變奏著
無休止符的大自然樂章

茫茫霧泛翠谷
疑是故鄉湖水
欲踏空泳去……倏地

驚覺故鄉湖光山色非舊
悠然立峰頂，無思勝
我存，非為遺世，非攀天庭
抖落噪音、污染、案牘
勞形，飲一日清冽幽芬

秋水詩刊　第二十一期　六十八年一月十五日

山居

無衣，披一身雲彩
無針，摘一瓣松葉
無線，採一束常春藤
飢時，松鼠含來無花菓
渴時，夜神斟瓊漿於綠葉之杯

拂天的原始森林
爲我建築一座滴翠的居室
秋風剪落片片黃葉
爲我鋪設鬆軟的地毯
晚霧，爲我撒下帳幔
星星，爲我點亮金色的吊燈
光滑的蛇，仰起夢般的頭爲我守衛
朝陽吻開我惺忪的睡眼
看山麓閃光的溪流
似千萬顆星斗，匯成的銀河
聽，音樂的風吹響松林
小鳥跳響枝頭的鍵盤
歌唱的山澗，洗明我
爲世塵染汙的心鏡

登山者

一顆星，自我綑縛的夢中昇起
棲止高山之巔

跨出窄門
追踪夢之光痕，邁向
在黑夜中醒著、棲息著星之峰巔
平坦的路迷失於草的芬芳
繫於雲鬢的小徑
亦迷途於雪綫上的峰頂

《中華文藝》第四卷第一期　四十五年二月一日

頹然駐足，憣然回顧
熟悉的路，如誘惑的蛇
向下延伸

巔峰在召喚，星光在照引
攀援以上
流血的足踝，寫一條勝利之路
荆棘割裂衣衫，招展著
如壯麗的旗

以生命的躍進
突破雪之封鎖綫
上昇途中
麥邱立的呼喚聲沉寂了（註）
蕈狀雲的陰影消散了
在群星聚首的峰頂上

一切的聲息，寂滅
一切的生物，引退
在生命的高度與寂境中
重納逃逸的星於飛揚的夢
以星光，點亮我的歌
而後，唧哈雷慧星以逝

註：MORCURY 司導引靈魂入下界之神。

五十一年

金銀島

島，如哲人般沉寂
自亘古，至無限
屹立於紛擾的海中

靜觀海的變幻
　濤的碎滅
　雲的流逝
島，蘊藏著無盡的寶藏
有著意志的金
　靈魂的銀
　白玉的感情
　瑪瑙紅的愛
　水晶的真純
　琉璃的澄明
以及寶石的堅貞
漁人追逐變遷的海流
採珠者於無光的海底尋覓明珠
探險家追求遙遠的極地之夢

而膽怯的尋夢者
止步於叱咤的海岸

島，秘藏著無價之寶
寂寞以始，寂寞以終

四十七年

金門太武山

聳然而立，巍然對崎（註）
沒有森林，沒有獅虎，貧瘠而頹廢
悽惶野草，如你我
冷漠巉石，猙獰如魔

空間，收容山
時間，塑造山
而今，人，改造山
開腸剖肚
山，崩塌著
巉石，心碎著
草被活埋，來不及歎息

註：太武山有南北二山，南太武山在金門，北太武山在廈門。

馬祖北竿島之戀

一

立姿島之巔
握雲之髮

乃離星星更近了

二

騎著雲
悠悠地自頂峰飄逝

三

曉風吹熄了星星
發光的夢乃失滅了

四

吹熄母親身旁油燈尋覓太陽
母親遂闇然了
而太陽在風風雨雨中熄滅

五

來自湖畔的孩子
有著海底夢
而駐足海濱的青年
洄蕩起湖之戀

六

流浪的霧啊
你的憂鬱
增加我淚的重量

七

困守岩崖的倦鳥
悽然做著歸林的夢

飲海水以止焦渴
於是，渴意更濃了

八

該是盛裝來訪的故園
悔不繫夢於幼植桃枝
於今
已有綻放的歡笑

九

自春天出發
花之夢遠了
風風雨雨的日子多了

十

雲，圈閉我

連影子亦失落了

十一

看守黑夜的馬燈倦然睡去
鋁屋上跳著雨的踢躂舞
叮呵咚咚
敲碎了我的夢

十二

泥汙的山驅逐泉水
海，容納了它

十三

誇耀的陸地
羅列珍寶
坦蕩蕩的海

隱藏內心深處財富

十四

島，孤立著
海，交流著

十五

雨的柔指
叩響海的心弦

十六

日暮了
途窮了
海，復切斷回家的路

十七

浪花
笑著，唱著
因而
永恒

十八

淒美的浪花呀
海，塑造你
復毀滅你

十九

浪花謝了
海，永存
花亦不死

馬祖觀雲

浮雲一線，如
五組「一」道禪功
　劈開
天邈邈，海茫茫
無聲無息，生生不息
無風，雲湧
無龍，非從
少一分波動
多十分嫵媚
非波濤洶湧
非排山倒海

非撻伐殺戮
然，鋪天蓋海
靜默地，吞蝕
碧海、列島，以及
連綿的彼岸
展延無限聖潔
　無限相思

雲霧逼人而來
　撞人滿懷
握雲之髮，雲遊
追雲、捉雲、吻雲、吞雲、騎雲、宿雲
裹雲代裘
擁雲而眠
棲雲不識故人
捕得滿手虛空

輾轉反側
聽寒衾下海潮宏音
品味了海雲冷冷戀情
我的愛情更入味了
思想亦波瀾壯濶

九十四年除夕

海霧

輕靈的，女性美的
朦朧地，若夢
夢，亦感染了我，浸透了我

時間正走過
晨曦點亮我的眼
　夢，消失了，海，顯現了
一個激盪著水之本性，善變的海

四十七年

海濱眺望

我又一次來到海濱西向眺望
當遠遊的太陽重返故土之時
海浪撩起綴滿銀花的舞裙
唱著我熟悉的歌
簇擁著、舞蹈著、狂奔著

狂野地，以如雨之吻
吻去我身上異鄉的泥土

漂泊的船酣睡於和平的港
歌唱的海底呼吸亦均勻了
乃揚起思念的帆
經淚之湖駛向長江
循來時波紋，去夕陽做夢的地方

《藍星》第一〇五期　四十五年六月二十二日

出航

以北回歸綫繫留八年的積塵
負漂泊的行囊重伴漂泊的我

追蹤著海鷗的行程
登上東來時不覊的路

縱舟怒濤，刺穿風暴
挽著星星光之長髮
繫舟彼岸
那裏，有無憂的夢等待著瞌睡的我

四十七年

愛河之夜

湛藍的天庭，鑲有千萬顆星
愛河的胸前掛著兩串夜明珠
夢樣的夜色，在我視野漫步

晚風打著寒噤輕輕掠過
微笑的綠葉裁剪星輝，燈影交織的輕紗
製一襲印花的薄衾，覆蓋沉醉的我

曼舞的微波，在耳邊低低呼喚
俯首河畔，浣思想的亂紗
濯靈魂的污垢

而後，辭別啜泣的愛河，沉睡的港口
棄筏獨行
尋訪永不熄滅的星星

《藍星》第一一六期　四十五年九月七日

大貝湖

你靜靜地、溫柔地、如同月光
躺在童山的懷抱
用生命的剪刀
將自己修剪似一片楓葉
你喜愛寧靜
春風輕輕梳著幼林的綠髮
也吹縐你的湖心
市儈將你拖進紛擾的世界
花香、粉香、奇異的人體香
笑聲，槍聲、轟然的馬達聲
像一面灰色的網

緊緊地網住你的靈魂
向誰控訴呢？
靜靜躺著，任人踐踏

《中華文藝》第二卷第四期　四十四年四月十三日

輯三：生死戀

生之序曲

自黑暗的深宮擠壓出場
尖銳的啼聲，如序曲
是宣告降臨
抑抗議誕生

黑暗與生俱來
啼哭與生俱來

五十年

不速之客

突破黝黑、混沌的羊膜
無所知地、不自覺地
帶著摻和喜悅與驚奇，痛苦與恐怖的啼聲
構成一個奇妙的、不可解的凝聚
　未攜一份禮物來了

在無始終的球面上活動著，夢著
舉短拙、狂妄的手臂
徒然地捕捉光，摘取太陽
而在相對的黑暗中安靜了
重溫那朦朧的，未知的過去

以生命之一點，任子午線纏繞
線的重量，壓彎了挺直的脊骨
壓碎了高據雲端，俯視萬物的狂夢
無力地垂下摘星的手
貪戀地環顧著纍纍的果實
卻不能攜一片綠色的記憶
帶返那不可知的永遠的黑暗

四十九年

南方啊，陽光

戍守於夜之邊緣的島
與陽光是絕緣的
——距黎明還有一段長路呢
太陽在另一端歡笑

而此地的日子披著海霧、山嵐
躲進光亮的記憶花園
在無雲的南方
在挽留一樹豔陽鳳凰木下
陽光，投射自你靈魂之窗
照亮我生命的長空
我飢渴的心，飲於陽光
污濁的靈魂，濯於陽光
一片歡樂
辭別生命之樹
飄落時間長河
流入驚險的海峽
囚於這與陽光絕緣的島

四十七年於馬祖

造像

當世界昏睡時
清醒的我，跨出窄門
踏上記憶的幽徑
撿拾碎落的金星
——於星的碎屑中
尋求金色的形象

幽徑盡頭，是記憶巔峰
在峰巔上，以思念之刃
剁愛心爲可塑的石膏
在白色的靈魂底殿堂中
以捕捉永恒的手

細心塑造一尊守護神
以愛之烈火中淬鍊的刀
精心地刻劃著
以細縛我的情絲作秀髮
以生命之血滴塗豔櫻唇
以撫圓的星屑爲目瞳
聲音，錄自天琴座樂音
氣息，採集百花的芳香
而以懺悔之淚
滋潤放射著柔美星光的明眸
在守護神足前
我匍伏的是整個世界
在這光明、芬芳的聖殿內
於「天琴」的悠揚樂聲中

我奉獻上生命的史冊
星光微笑地閱覽著
我乃於髮之森林中
尋覓到去永恒之路

《藍星》週刊第一六六期　四十六年九月十三日

獻給W

我要將我的靈魂
鑄成一柄閃光的金劍
請你執著它，砍去
路上的荊棘，死神的鐐銬
我要似一片檀香般

焚化在你熾烈的愛之爐
用我濃郁的香氣
將你塑成一尊光明之神

《藍星》週刊第七十二期　四十四年十一月四日

天問

一顆披著光之長髮的新星
自藍寶石的星空悄然隱去
是效哈雷以遠逸
抑沉醉於雙星之迴旋舞
步出隱居的煤袋吧

點燃夜空星子，人間清輝

註一：哈雷慧星——慧星俗稱掃帚星，舊稱妖星。哈雷慧星是英國人哈雷於十八世紀所發現，每七十六年可看到一次。以一九一〇年那次為例，它停留時間自一九〇九年八月，至一九一一年六月。慧星尾最長達一・五 AU（太陽與地球間平均距離，約一千五百億公里。）體積為一萬六千公里。它繞行太陽，最遠可到海王星。最近一次見到該星是一九八六年。

註二：雙星——太空有一種有伴星的雙星，它們因互相吸引而迴旋。

註三：煤袋——天文學家稱銀河被黑暗星雲遮掩的部分。

《藍星》週刊第一六七期　四十六年九月二十日

湖與雲

湖，靜靜地躺在萬物之母的懷抱
閃動著水汪汪的明眸
等待著掀起心之漣漪的歡笑的風
盼望著投影於心底的白雲

流浪的雲，來自遠方的山
有著囊括星星的夢
以猫步，踏過不著痕跡的虛空
輕輕地，怕驚醒花底美夢

無心的雲漂經湖的上空
湖，鐫雲之肖像於潔白的心

以全心靈擁抱著虛無的影
即色即空的行雲
撿起每一片遺落的影
湖，還原一顆空白的心

《海鷗詩刊》第九十一期 四十六年十月二十一日

無聲的言語

透過靈魂之窗
取最短的距離
循脈脈的無水柔波
我們相遇於空間的一點
以光的閃動交談著

我們赤裸著靈魂
任你的秋波，潺湲地
自你的心湖灌溉我的心湖
任我的回波，輕柔地
由我的湖心注入你的湖心

洋溢的波，將我們於煩囂中升起
寧靜中，傳來濟慈的歌聲：
「無聲的音樂最美」
剎那間，我們捕捉到了狡黠的永恆

《陸軍通校簡報》四十六年八月二十一日
《藍星》第一六五期 四十六年九月六日

懷礁溪

自風雪中來訪的候鳥之心是冰結的
而你，以潺潺的暖流
溫柔地流貫其生命的極圈

披戴雪花的失林之鳥，盤旋
自熾熱的地心湧出
流佈德陽溪的淙淙湯泉
傳來遠方春之歡快的腳步聲

四十七年

蓮花

——給遠方的人兒

啊，我夢中的潔白的小花
你自污泥中脫穎而出
吮吸陽光、月華、星輝
芬芳了你的生命
亦染香了我開花的想思
散清芬於我荒寂夢境的小花啊
你讓思念在地層下生根
而鼓噪的蛙鳴，是否驚擾你清夢
珍重吧，芬芳的小花

無論迎向你的每一個明天
是猙獰、或微笑
你向上伸展的花蕊
托滿鉢蓮子供佛

四十七年

芳鄰

你的居室隱在視太陽軌道的終點
那裏，沒有生命燃燒的囂攘
遊罷歸來的人，如暮靄
在你的屋裏游蕩著，憩息著
燃一室星光以閱覽虛空

清醒

我的小屋是一座越野車
循著太陽的軌跡向你駛來
然，我們之間並無距離
我若倦於奔馳，可停下車
走進你的屋內，歸屬於你

你縮回我緊握的手
令我僵臥於你感情雪地上
你佔領了史蒂文生統治的「金銀島」
然，沒有一顆星照臨你靈魂的黑夜

四十七年

而我在星月交輝之夜醒著
諦聽繆斯的歌聲，「未來」的步聲
——不再讓生命在時鐘的囈語中銷蝕

《藍星》第一一一期　四十五年八月三日

訣別

在我結冰的心湖上
你不再吻以溫暖的目光
我遂駕著生命底列車
去極地旅行

你召回搭射金箭的邱比特

我遂挽著幸福女神底影子
黯然奔赴「死之跳舞」的晚會

註：「死之跳舞」係畫家荷爾班名作。

《中華文藝》第四卷第五期四十五年六月一日

放逐

在不息地向前旋進的球面上
一道褪色而斑剝的綠籬
拘留一室古色古香
嚴扃的雙扉
拒多彩世界於門外
未經風砂的靈魂
未染一粒塵埃

如山谷中遺世的幽蘭
以清芬染香自己的季節
自足於一片藍天
一方泥土

你芬芳的靈魂，召引我
離開野性海洋
以摘星之手
輕叩你心扉
然則，燃燒的眼
灼傷你未曝於陽光的心
奔放的思想
不容於閉鎖的暗室
飛翔的我，亦有侷促之感
乃被放逐於九天之外

四十八年

小屋

自從邱比特盲目地洗劫我的小屋
無論太陽昇起或沉落
　星星微笑
　或風咆哮
　雨低泣
不設防的小屋
誰都可自由出入

「憂愁夫人」來了
摘下金色的帘布
換上灰色的窗紗
我，一笑置之

「快樂王子」造訪
以笑聲填滿空虛的小屋
我，酣然入夢

任生命之路自門前延伸
或山奈托斯將我自屋中綁走（註）
我均視若無睹
而將小屋付之一炬
遷居彼岸

註：山奈托斯，希臘神話中死神。

四十九年

雨季

雨，自灰暗的天空滴落
冷冷地、滴落蘊藏烈焰的大地
——日夜滴落的雨
乃造成我生命的梅雨季

時間終將走過
志摩走過了，小曼走過了
溫莎公爵正在走過
當最後一片雨雲滴落
雨季乃亦走過

五十年

冬眠

熱情的夏，在大地胸前佩上最後一朵玫瑰，走了
憂鬱的秋，灑盡金黃的菊瓣之淚點，走了
　世界遂變成冷冷的，沒有色彩的
我乃潛入地層下，非爲貪戀睡眠
我期待的心，正在諦聽
那叩響大地心臟的春之腳步聲

五十年

黃昏之路

光明如雪花，飄落睫尖
融化、滴落、消失……

如夸父，追日的我，而今來到黃昏之路
深邃的黑暗立於我前
包圍我，吞噬我

閃爍於神秘深處不定的光啊，照引我
在黑暗中匍匐前進
漸近明日之路

五十年

遷居

這群狼追逐的曠野
使我平和的心無法安眠
色彩也太濃了
令我習於單純的眼暈眩
自污濁的大氣層墜落的陽光亦失去原色
維納斯的杯酒中也攙了水啦
——我底靈魂亦因而生鏽
我拋棄沉重的行囊
轉向探索自我
——很長呢，那旅程
小徑曲折而幽暗

拿破崙的騎像，橫刀迎立
逐出伊甸園的蛇，潛伏草叢
邱比特的鉛箭，迎面射來（註）
沒有盔甲的我，提著明滅的靈魂小燈
艱辛地摸索著前進

小徑的盡頭，是平和的心境
這裏，沒有風、沒有雨
既無笑聲，亦無淚滴
更不聞車馬的喧鬧
連理想也失踪了——
我，卜居於心靈的白宮

註：邱比特，希腦神話中愛神，傳說人如被其金箭所射中，則戀愛；如被其鉛箭所射中，則失戀。

四十九年

夢境

這裏的天空是玫瑰色，地面是芬芳的綠
沒有不許我隨意言行的幽靈
沒有禁止我的心作日光浴的禮服
沒有躺在紙上命令我的黑屍
有的是來自憶念之鄉的友人
自幻想領空飛來的青鳥

我或揚起愛戀的白帆
駛進心波盪漾的湖
在思念的漩渦中尋到了她
我們脫下幽閉著心的禮服
在湖中洗濯靈魂的污布

釋放被囚在心靈深處的言語
掘出被埋在冰山中的熱情
密接的唇，吻起了熱帶氣旋

或踏著虹橋，步入太空
召來我喜愛的青鳥
沒有獰笑的鳥槍
沒有囚禁自由的籠
飛揚的心，御著青鳥
循著發光的路，飛向太陽
投理想的影於花朵微笑的大地
然後，在完成的時刻逝去

《青年生活》四十七年一月

死亡

我，愛過
因之，我真實活過
而今，夢不再來訪
歌，自我沉默的舌尖飛失
笑，潤濕了，如雨
而髮之森林，雪降著
然則，我愛過
因之，我確定活過

五十年

迷悟之間

艱辛地攀登華嶽三峰
蓮花一峰奇絕
愉悅地遊罷九寨溝
彩色斑斕，繽紛盡落
虔誠地朝拜祇樹給孤獨園聖地
求一葉菩提，捧一撮聖土，滿心喜悅

鏡山水彩，轉身成空
殘留模糊回憶，選擇性記憶
一閃飄逝，無以複製如昔
彼時汗滴、愉悅、或喜樂

逾半世紀分踞銀漢南北
青鳥雲外傳音
驚呼「是你呀！」而非
「是誰」；相知、相惜
即使非終身相許，長長久久
丈量殘餘日出
彩霞、落日相熔於夕夕

坐擁一園清幽，促席輕語
「宛若往日逛街感覺」
笑談「百歲之約」
嚮往著陽明山雨景，飲以
芬多精，浴以芬多精
非滌紅塵，非洗鏡塵
如斯情、景，均可
複製，亦能復活

縱使道分死、生，緣盡燈滅
亦死而無憾
活的記憶鮮活的活

九十五年立春日

輯四：浮世繪

晨

雄雞，吹著向夜的王國進軍的號角
在初陽的金鞭下，黑暗一批批地退卻

由唱詩班出身的雲雀
以歌唱宣判夜的死刑

升自金紗帳之裊裊炊烟
挽著片片披彩的散步的雲

《中華文藝》第三卷第六期　四十四年十二月十五日

孤松

卓然聳立於寂寞的懸崖
以哲人之姿，看流雲幻滅，巉石剝落

沒有邀舞的蝶，獻媚的花
你盎然的生命披著一身冬陽

冷酷的霜底腳步，踩落了楓葉
你卻伸蒼勁的綠臂，撫摩冬日

歲暮了，冬，黯然離去
你笑嬌慵的春，姍姍來遲

《藍星》第九十六期　四十五年四月二十日

蓮

自污泥脫穎而出
由黑暗淵底浮泳而來
於水鏡中觀照自我靈魂

憎恨黑暗，掙脫污染，呼吸自由
熱愛生育你的土地
讓思念在泥土中生根、懷孕

水波以嬌柔的嘴遍吻你
以細碎的耳語，訴說衷情
你冷漠以對
徒遺晶美淚珠點綴你綠裙

當微笑的月光俯吻你
你浴淨的向上的靈魂
孕育芬芳
結粒粒蓮子於項上

《藍星》第九十二期 四十五年三月二十三日

菊花

你唾棄熱情妖冶的玫瑰
嫌惡炫耀虛榮、百花之王的牡丹
燦然盛放於清冷的秋季
你斟飲寒霜，若香檳

擺動綠色的裙裾，嘲笑秋風
以生命的芬芳，染香憂鬱的季節
你伸向藍天的金色雕花之手
滿掬微笑的麗日之金黃光芒
點亮被肅殺的秋吹熄的生命底彩燈

《藍星》第八十八期　四十五年二月二十四日

叛徒

二十五道關隘多麼險惡
舛戾的命運如影子般跟蹤我
是考驗我，抑征服我

你盜去我黃金的童年
未能竊據我一寸意志底領土
扭曲我的背
扭不曲我氣節的鋼骨
縛住我的足
縛不住我飛揚的思想
切斷我前進的路
撲不滅我希望的紅燭
腐朽的氣息，染污了空氣
染不臭我靈魂之花散發的芬芳

你在我四週佈滿陷阱
我跳下去，探測的更深
你在我路上築起高牆
我躍上去，看的更遠
你打擊的鐵錘

已將我鍛鍊成不鏽鋼
當我飲盡你最後一杯苦酒
我理想之花將盛放於大地

《中華文藝》第三卷第五期　四十四年十一月十五日

尋找影子的人

如一幅南宋人物畫
我把影子潑墨於地
攜影隨形
自出生，至死亡
在康莊道上
荊棘叢中

雨季來臨
唯恐增加我底雨的重量
失去踪影
爲尋回影子
在沒有陽光的四度空間
我踽踽獨步

四十九年

逃兵

裹著不合身的軍服
握者黧黑如夜，冷峭如魔的槍
埋伏於崎嶇的道左
瞪目前視，如木偶

鳥已驚逃
　太陽亦隱藏
碧空為冷漠、易逝的雲所霸佔

一如年羹堯之征西（註）
雲，流著蒼白的血
跌落著、死亡著
自虛空，自睫尖，完整如生命
密如網，網羅世界
晶明如鏡，鑑照世界

棄槍於泥滑的路
褪去束縛的制服
　赤裸如初生的嬰兒
手舞足蹈，擁抱一個新的世界

註：年羹堯，清康熙時名將。民間傳說他征西藏時，因殺戮過多，後來被殺的竟流白色的血。

五十年

傷兵

貫穿的軍裝，如射落的希望
嗒然滑落
病房是空洞而色白
失血的生命亦空白
如嬰孩，躺於白色床褥
旁鄰黑暗而臥

五十年

按摩者

光明遺棄你，黑暗劫持你
　無光的空間，包圍你無光的眼
　黯然的時間，寸磔你黯然的生命

獨步於夜之窄巷
引導你的，乃無生命的手杖
於是，你吻著知音的短笛歎息了

醜惡的世界在你面前羞澀地隱藏
眾皆昏睡而你獨醒
億萬人分享的世界
爲你所獨自擁有

《藍星》第一二四期　四十五年十一月十六日

盲者之歌

自夢中跌落
漫步於星月睡眠之夜
醜陋的世界逃遁了
我乃悔惱有一雙明亮的眼

我封閉起靈魂之窗
幽禁暴露罪惡的太陽
　不令世界曝曬窗前

然，星星並未自我的天空殞落

我生命之火，如初陽
　飲盡我內心的幽暗
而我發光的靈魂，亦如路燈
　迎我以光明於旅途

四十七年

夜行者

夜底魔掌，攫取我的視力
然，路看見我
提著明滅的靈魂小燈
踏著黑暗
向被夜征服的曠野進軍

在夜的邊境
雖然遍體鱗傷
卻點燃曙光

護士

如銀雲，飄然而過
投影於每片灼傷的沙漠
冷漠如之
空虛如之

《今日新詩》第四期四十六年四月一日

五十年

吸烟者

啣一枝雪茄
我的嘴乃成坎納維拉岬

吐一圈烟，上昇著，如蕈狀雲
我飄然，欣然自雲端俯瞰
歐羅巴再一次被劫走了（註）
新大陸又失蹤了
連自己的影子也失落了

祇有，一片混沌
一片虛無

註：歐羅巴EUROPA古腓尼基國公主，天神ZEUS看中其美色，乃變一公牛，將其劫載至一塊尚無名字的大陸，即今天歐羅巴洲。

五十年

神女

情愛已胎死
情感已遷出
而空洞的胴體正出租
擲黃金歲月於淘金窟
摘青春以招貼春光
乃誘惑一如現代
糜爛一如現代

四十六年

拾荒的孩子

該在童話王國旅行的目光
卻飢餓地追逐著生存的殘屑
應按響春之鍵盤的小手
卻撿拾著污穢的靈魂的碎片
歡樂自你生命底嫩枝凋落
如一片片早謝的花蕊

披著陽光繡織的金縷衣
以天使的足踝
踏平一路的坷坎
在收集人間的渣滓中
嗅到花朵的芬芳

四十七年

路燈

如戍守邊疆的老兵
你寂寞地瞭望著
由黃昏到天明

你指引夜行者道路
揮灑溫暖與光明
當沉重的步履聲消逝
你寂然與電線桿廝守一生

《藍星》第六十一期　四十四年八月十一日

國樂

諧和的節奏，柔美的旋律
綉成一面閃光的金旗
我來到「春江花月夜」
划動獨木舟，載我在銀江徜徉
春風吻得江水吁吁地嬌喘
倏忽，展開月光的羽翼
飛向深邃的太空
銀翅拍著金星，激出清越的樂音
一顆顆星，被敲得似一顆顆鑽石
叮叮咚咚地跌落江中
似飛瀑呼嘯在幽谷

雄風揚威在松間
玉盃跌碎在懸空的銀盤
夾雜著夜鶯的歌聲
萬種天籟，匯成的和聲
淙淙的音樂之溪
洗去我心境上的塵垢
溶解我冰結的心靈
我乾渴的心，啜飲音樂的甘泉
化作一片白帆
隨著音波
飄流到遙遠的夢土上
在那裡，我的靈魂將與那歌唱
真、善、美的歌者永生的擁抱

《中華文藝》第三卷第一期　四十四年七月十五日

隱遁

自神經錯亂都市中清醒
去吧，霓虹燈
別向我流眄情慾之目
出賣靈魂的人
別向我兜售愛情
不協調的交響聲
別噪聒我沉思的靈魂
割裂藍天的都市叢林，去吧

腳下是沒有柏油氣息的草徑
小溪歡快的歌聲
淹沒我旅途的寂靜

百花爲我前程織錦
泥土的芬芳染香我錯受庸俗招待的戀情
悄悄地，穿過唱詩的松林
踏過雪綫，登上奧林帕斯山之巔
縱身銀河，濯去塵土與疲倦

《藍星》第八十一期　四十五年元月六日

蠟燭

輝煌的日子過去了
由豪華的宮庭、舞會
淪落至無電力的村野
廁身黑暗室隅
顫抖的燭光

如站不穩老婦顫抖的手
碎落一地淒涼
在悲泣的熱淚中
燃盡光輝的一生

《藍星》第一二九期　四十五年十二月二十一日

夜

又來了，那黑衣僧
靜靜地、悄悄地來了
合掌，萬物屏息
世界窒息其掌握中

四十七年

長城謠的憶念

暮靄籠罩，遊鳥歸林
斗室中
響起『自由中國之聲』
如祖母的呼喚
「萬里長城萬里長
　長城外面是故鄉
……」

循著剝落的城堞
步履沉重而急促
走向關外，走向呼喚
瀋陽已被綁架，囚禁於林立的木屐
蘆溝橋上，石化的獅子已怒吼

橋下，蒼白的流水已變紅
蘆山的松濤，如醒獅的宣誓
　岩石挺立如戰士
　松針揮舞著，如槍刺
……………………
淝水在述說破胡的往事
而校園中，不甚了了的一群
在傾聽著長城阻擋不了的
另一個血淋淋的恥辱
數十張稚口，漫然高唱
「萬里長城萬里長
　長城外面是故鄉
　……………」
淝水在流逝
　符堅已流逝
　近衞、東條亦已流逝

稚憨無知的我亦已流逝
然，非僅天下第一關仍非我之天下
而，竟連自己的故鄉亦失去了
雖然，橫阻其間的不是長城
雖然，魔掌亦伸自北方
「故鄉，故鄉！」
如祖母的音容
縈繞於我的耳畔
展現於我的夢境
……………………
「萬里長城萬里長
長城外面是故鄉
……………………」

《幼獅文藝．詩墾地》第十七卷四期　五十一年十月十五日

削臂 VS 鐵馬

其一

亦僧亦儒
半甲子前隱於市之隱者
於今，以仙風道骨
隱去曾經風馳
而今靜止
正欲追風的
藍銀對抗的 BMW 商標

心、禪寂，足、禪定
BMW 徽章緊吻著削臂
且送作「推」

隱者隱而未發
誰說後退非
前進丈二，非和尚摸不著頭腦
禪定耶，蝶夢耶

其二

大夢初覺，天食時近
心已動，足亦動
逐臭鐵馬輕吻削臂
隱者無以隱
非大廈將傾
乃道骨軟著陸
是蝶夢承受不了噪音
抑蝶翅閃躲不及時代速率
仙風喃喃：
自傾乎，摧傾乎

盡付空流

附註：周夢蝶君語二事：小立轎車尾，訝異：未走動，何以前進十餘尺？原背後車倒車也。晨起赴小街購早點，一轎車在後輕輕頂他緩行，不支倒地，車主送他回寓，他也不知是自己倒地，抑被車撞倒。

民國九十五年二月二十四日

輯五：人間道

忘魂谷

沒有行囊
懷無限恐怖，一線希望
以戰慄、疲憊的生命，丈量黑夜

竚立於梧桐山，燕子巘
　於星月失踪夜的盡頭
光輝的黎明，閃耀於東南，閃耀於前
不敢回首，黑暗緊隨身後

握藤葛緣巉巘而下
以逃避死亡
　而死亡仍追逼

滾落著，如崩石
堆積著，如墳丘

走盡黑夜，踏過死亡
以生命爭取光明者，被視爲偷竊光明
閃躲於大嶺山、廟徑山、禾徑山、麻雀嶺……
　如草芥之繁多

斯拉夫人，以圍牆拘禁自由
盎格魯撒克人，以鐵刺網拒阻乞求自由
於是，響往光明者，乃徘徊於夜之盡頭

非上古居民，無洞穴以避風雨
非上帝選民，無華夏以安居
然，敝衫片片飛舞，如葉衣
半裸的軀體，如亞當

蜷縮著、與草木同伍

上帝離棄你們，光明拒絕你們
撒旦追捕你們，逃亡如潮
在神、人、鬼之間，竟無立足之地
然大地是寬大的
在深圳、在粉嶺、在九龍坑、蓮塘尾
在惡夜的邊境，自由世界的門前，淚枯力竭
你們沒有選擇的自由倒下了，如草芥
這不是你們的悲劇，乃自由人的恥辱

《幼獅文藝》第十九卷三期　五十二年九月十五日

紅色多瑙河

來自「維也納森林」的史特勞斯
以愛，譜出千古流響的「藍色多瑙河」
柔美的樂音撫慰著向善的靈魂

來自列寧格勒瘋人院的一群
以機槍、坦克，演奏恐怖交響曲
匈牙利人以流響的血河
奏起自由女神的「葬禮進行曲」

布達的山陵為赤紅的炮火夷平
佩斯平原上、志士以頭顱築起精神堡壘
不屈的國民

以鮮血寫下鮮豔的史詩
兩岸的血流染紅了多瑙河
失去藍色的歡笑，嗚咽著
將血紅的呼聲傾瀉於窩瓦河——
自由的人以羞愧的心
哀弔自由女神之死

《藍星》第一三三期　四十六年一月十八日

哀捷克

一

「我們的悲慘命運已經決定
但是，請記住

同樣的命運，下次將輪到各位……」（註一）
流血的多瑙河在呼喊、在泣訴……
十二年的沉寂，十二年的壓榨
擠迫出另一個同樣的，卻更爲悲愴、無助的聲音：
「請記住，我們已經告訴你們
讓我們最後的話，銘刻在你們的記憶裏……
當你們聽到捷克的國歌
就知道一切都完了……」（註二）
伏塔瓦河在流血、在呑泣……

二

杜布西克，一個工人的兒子，馬列主義捏塑成的
從不認識自由、標準的共產黨員
鬥爭，鬥爭，覺醒的人性與獸性的鬥爭
合理主義者與史達林幽靈的鬥爭（註三）
諾伏特尼倒下了，史渥波達君臨捷克（註四）

由知識份子起章，卻非智慧的結晶
祇是人類與生俱來基本慾望、權利的陳訴
兩千字的「自由宣言」
如春風，吹綠了西伯利亞寒流刷刺下的大地
吹燃了自由之火，吹甦了人已死的希望
——一切的改變，如春之漸
亦如春之深遠

三

隆隆的坦克車隊，輾過弱小的蝌蚪（註五）
輾過自二十年奴役的重壓下掙出的「自由」幼苗
輾過普尼努達飛揚的心，（註六）「同志」的肉牆
虛惋向「美帝」的大砲，而今又一次射穿
兄弟般友誼的社會主義國家的胸膛
用以對抗北大西洋公聯盟的華沙公約部隊

卻沒有一聲警告侵入不設防的加盟的盟邦——
卡洛凡谷的溫泉（註七）浸不透冷血者心
　　洗不淨嗜殺者的血手
六國會議的墨跡未乾，餘音在耳
捷克人汗滴灌溉出的佳餚尚未排泄
布拉第拉瓦已成爲魔鬼們的屠場
一面面染血的紅、白、藍三色旗低垂著如十字架上的頭
　　遊行著如流浪的幽魂——
目睹血衣，目睹暴行，有聖溫司勞斯爲歷史作證（註八）

四

憤怒的哨聲、噓聲、譏罵聲、嘲弄聲
「法西斯主義者，猪狗
俄國兇手們回老家去
伊凡，回家去，卡列尼娜等著你……」
熊熊的怒火，復仇之火

焚燬了兇手們的坦克、車輛
焚燬了醜惡的俄國無名英雄像
「冷靜，自律」，（註九）三十年來的捷克人
又一次「執行較死亡猶爲慘痛的工作」（註十）

五

不必悲泣、不必呼籲、不必示威、不必抗議
更無須空言的譴責
無須西爾納或布拉第拉瓦的會議
當布里茲涅夫的「影子」內閣組成
「反動的危機肅清」——
聯合國內尚在喋喋不休的辯論
「俄兵寇捷」應否列入議程
兇手們已滿載而去——
滿載著捷克的土地，捷克的鮮血
捷克人的希望，捷克人的自由

那遙遠的悲啼又在迴盪，「請記住
同樣的命運，下次將輪到各位……」

註一：一九五六年蘇俄出兵鎮壓匈牙利抗暴，匈京電台的最後廣播語。
註二：俄軍侵入捷克，捷京電台最後廣播語。
註三：前捷共頭子諾伏特尼屬史達林死硬派，而杜布西克被稱為共產集團中的合理主義者。
註四：史渥波達為捷克現任總統，「史渥波達」的意義為自由。
註五：捷克國土形似蝌蚪。
註六：俄坦克侵入布拉格時，輾斃騎機車的青年普尼努達，為第一個死於俄國人手中的捷克人。
註七：東德共黨頭子烏布里奇與捷共最後會談之處。
註八：聖溫司勞斯銅像位於布拉格中央廣場，其下遺有俄軍屠殺捷人的血衣。
註九：捷克總統史渥波達於俄軍入侵後，向捷克人廣播文告中的重點。
註十：一九三九年九月納粹德國侵佔捷克時，捷克總理薛拿波說：「我必須執行較死亡猶為慘痛的工作。」

《青年戰士報・詩隊伍》　五十七年九月十五日

金門木麻黃

於童稚之齡
流徙於異域的瘠土
孑然孤立，舉目無親
而海風終日咆哮
　塵沙晝夜撲擊
然，地殼深厚，天空廣闊，陽光無私
探足地下，以測生命奧秘，黑暗深度，地獄重量
伸臂天空，以接納流浪的星光，倦遊的飛鳥
　以探虛空的界限，空虛的濃度
傷害非來自地獄，非來自太空
乃投射自八．二三、六．一七
投射自大嶝、蓮河、圍頭……

散落如流星雨，灼熱如流星雨
　鋒利無情亦如流星雨
戰勝風沙、投綠蔭於異域的木麻黃，乃被腰斬了
　連呻吟的時間亦沒有

毀於蕈狀雲的廣島，在蕈狀雲陰影覆蓋下再生了
踣倒於槍刺下的古寧頭，在槍刺林立中堅強地站立了
敷一撮泥土，繫一季春
木麻黃乃如切肢觀音
伸千臂以擁抱陽光，
以接待倦鳥

五十一年

六・一七之夜

一

沉重的曳光，如雨
而黑暗更濃
恐怖的呼嘯聲
如群魔之合唱

夜，撒黑幕以掩飾
能見的，星在戰慄
能感的，地在戰慄

二

非流星撞落

而壙穴遍佈
毀滅遍佈

木麻黃腰斬了
巉石火葬
　屋宇在震坍
生命在震落

三

不是流星，因伴有恐怖的吼聲
不是飛鏢，因伴有灼熱的火光
自黑夜投射黑夜

沒有遺囑
沒有圍繞的哭泣
連自己的痛呼亦切斷於齒尖

……………………………………………

而後，一切復歸於寂滅
黑暗依然
宇宙依然

附記：一九六〇年六月十八日，美國總統艾森豪訪華前夕，共軍突於晚九時起，向金門島群猛烈砲擊，至十九日艾森豪離開台北，才停止射擊，仍恢復「單打雙停」的砲擊模式。三天共發射十七萬多發砲彈，其密度超過共軍於一九五八年八月二十三日砲擊金門的密度。而八．二三砲戰落彈密度，則超過二次世界大戰最慘烈的美軍進攻硫磺島日軍戰役的砲擊數。

弔安平古堡

似百納老僧，冥然入定
任風雨褪去昔日戎裝

歲月之輪碾碎百戰骸骨

荷蘭人走了，未劫走一撮泥沙
鄭成功走了，未帶去一頂王冠
而你，亦將復歸於土

《藍星》第九十三期　四十五年三月三十日

蘇花道上

胼手胝足，穿山腸，破岩腹
見證百年滄桑古道
清兵，倭寇
俱隨浩渺太平洋潮水流逝
而拍岸驚濤，鷗飛魚躍

而清水斷崖千仞矗立
依然
萬千年海蝕雕琢之瑰麗
奔馳於不容迴旋時光隧道
遙望蒼鷹盤旋巔頂
海鷗剪落波峰
推窗欲去
而右闈以插天石壁
左伏以百丈懸崖
碧空怒海
任歷史巨輪綁架以去

地下室

一束慘淡的白光循梯度滑落
顫顫地、畏縮地，探首而入
滅頂於濃腐的濕度
自泥土重量下滲出的陰風
幽靈般，彷徨室內

在這與陽光絕緣的地層下
生命是晦暗、腐濕的
晝夜與陰闇對抗的馬燈
亦油枯燈盡

四十九年

雨季

日子是黯淡而陰沉
如北極吐里之冬
如太武山之春
沒有青碧，沒有鳥鳴
雨霧籠罩，淒涼地、濕濕地
雨，淋落著，自日出、至日落
自黃色的面頰、白色的面頰、黑色的面頰
雷聲轟響著，如號咷
起自廣島，起自長崎
起自內華達州、坎納維拉岬
起自新地島、聖誕島
起自如分屍的鋒刃之三十八度綫

陰雨連綿，如吞聲低泣
　如嗚咽的伏爾加河、多瑙河
　如湄公河、如黃河
　如長江、珠江

匯聚的雨水凝沍，形成冰河期
氾過布達佩斯、布蘭登堡、布達拉寺
梧桐山陸沉了，喜馬拉雅山陸沉了
蒼白的額菲勒斯峰高舉著
　如掙出冰河凍僵的求救之手

這是一個霪雨的季節
　一個流淚的時代，流血的時代
　而季節終將更替
　　是嚎哭、瘋狂的夏
　　憂鬱的秋、疲癃的冬

是媚人、狂歡的春
而恐龍，劍虎已絕跡
　愛因斯坦已死亡
　賈加林、格倫亦將死亡
史潑尼克自軌道上消失了
探險家亦墜燬於大氣層
而季節仍然更換
　不論是嚎哭、瘋狂的夏
　　憂鬱的秋、疲癃的冬
　是媚人、狂歡的春

五十年

輯六：動物素描

獅

你的王國，你的群臣呢
你的尊嚴，囚於鐵檻
飛鳥歌頌自由
喚起你王者之夢？

虎

鐵檻拘禁你自由
囚不死你的意志
昂首獨步
不再虎虎生風

豹

滿身「金錢」
贖不回自由
斗室中，吞嚥嗟食
卻吞不下暴君之夢

馬

潤濕的眼睛
暗傷伯樂已逝
囚禁的污廄中
夜夜做著馳騁千里的夢

象

灰色的日子，禁錮你灰色的軀體
你吻著大自然的白牙被市塵染污了
夜夜，你夢見在熱帶尋覓水源的同僚
濃厚的鄉愁，使你體重增加了

黑熊

你秉賦著童稚的單純
以渾渾噩噩填滿生命
用可笑的動作娛樂自己
胸前V字，是你戰勝煩惱的標誌

鱷魚

你的甲冑玷污了古代武士
沉靜的外表包藏著滿腹禍心
如今，過著恥辱的俘虜生活
在你的眼中，讀到復仇的詭計

狗

圈地爲牢
鐵欄，剝奪你的自由
也拒絕奴役日子於門外

雄鹿

梅花映滿黃服
嗅不出大自然芬芳
在枝角的影子中
你重溫了馳騁森林的夢

波斯貓

溫柔的流浪者啊
群狼玩火於故鄉油田
你更蒼白了

狐

你該笑了，在這狡黠的世界
你亦應哭，人的機詐勝過你
你玩弄著美麗的長尾
又在思索脫身的詭計？

錦蛇

默默地，以生命
丈量囚禁日子的長度
似錦的華服
在禁錮中褪色

火雞

你的自由被殺死了
穿起黑色喪服
以憤怒之聲
欲叱開囚禁樊籠

鷹

失去黃金歲月
金黃的眼亦無光了
如鉤的嘴爪
剔刷著羽毛

孔雀

你是唯美主義創造者
採世間最美的色彩製一襲豔裝
如今，你很少表演團扇舞了
是否在懷念恒河邊的王朝

鴛鴦

多麼不相稱的伴侶啊
美麗的夫挽著平凡的妻
結合你們是愛情，不是美色
在愛河中，忘記了囚禁的痛苦

以上十六首以《動物素描》為組詩名，刊登於《藍星宜蘭分版》四十六年二月號

昆蟲世界

一、蟬

漫長的三年地下生活
難怪你酷愛陽光和高枝
於是，你以生命譜成讚美詩
作一週巡迴演唱

失察的眼，誣你是蟻國乞丐
你酬之以歌唱
追求真理的人，証明
你是兵蟻侵略下，溽暑中掘井者

二、螳螂

祈禱的雙臂，乃一對利刃
僞裝的虔誠，贏得無知者信任
你乃以預言家身分
睥睨古希臘辯士
以饑餓的空腹，作同胞的墳墓
以祈禱的手，捕殺善意的訪客

三、螢

你炫耀自己
於是，你成名了
夢遊者啊，不要浪費光與熱
去尋找通向黎明之路吧

四、蟋蟀

你遠離著花花世界，隱居著
向陽的門，挽留一室溫暖
獨倚門前，彈四弦琴以娛晚景
循著你悠揚的琴聲，尋到了
在你比武場前鼓掌的陌生的小我

《藍星》第一三六期四十六年二月十五日

鴿

你懷念舊時伴侶
忘不了往日陋居
也該明瞭隔世遊子的心緒

那兇險的海峽
阻斷他歸程
疲倦的遊鳥
請張開你和平的羽翼
攜他重返兒時的林園

《藍星》第三十八期四十四年三月三日

狗

威武地，神氣地
仰坐於門外，雄據於門外
　吠斥武訓，笑迎石崇
歡然地，感恩地

逡巡於桌下，搖尾於桌下
　滿足於棄骨，滿足於豢養
憑嘴一張，以狂吠
憑尾一隻，以乞食
　以升堂入殿
遠處，傳來文種愴呼，陶朱竊笑

四十七年

鮭魚
——生命的躍進

來自何處，復歸何方

一年又一年與海搏鬥
該是返鄉季節
突破重重包圍網——
鷹爪、熊嘴、裸石、淺溪
以反漩的衝力，生命的
一擲，躍過十呎層落的急湍
以鱗傷之體，歸鄉
箭心，射向數千里
逆流，每一吋等待的死亡

秋深了，非落葉亦歸根
柔靜的湖水，別來無恙
生之，育之，而今是反哺時節
自掘臥穴，孕育新生
爾後，褪下紅衫，換上白紗
躺下

躺
下
躺
下
浮游身外
非悲劇幕落，乃輪迴之始

《中華文藝》第九十五期六十八年元月號

螢

在暗礁林立的夜海
你提著生命之燈
劃出一條，通向黎明
煥然的軌跡

《藍星》第七十四期四十四年十一月十八日

乙·小說

插圖：梅譯云

故鄉戀

我每次看了美麗的風景畫，總要想起故鄉山巒鑲嵌成淡墨色滾邊的浩瀚的巢湖。乳白的湖水上，飄揚著白色的帆影，翺翔著銀色的沙鷗。湖心裡崛起一個饅頭般的姥山，山中央聳立一座七層寶塔，更爲湖山平添無限姿色！當風暴來襲時，它就像一位爲爭取自由而奮戰沙場的勇士般怒吼著。風和日麗時，卻又似貞靜的處子般！尤其當依偎著古塔火紅的夕陽，流盼著淡淡的金黃色秋波，把銀雲染成晶瑩剔透的彩玉，將歸帆塗成凌波的仙子，替遠山和湖面披上一襲如夢的輕紗時，使人整個的心靈，都溶化在這絕美的境界裡！

湖的北岸——我的家園的一邊，有座巍偉的神廟，和蒼勁的古塔默然相視。這廟供的是聖母娘娘；但因居巢縣合肥交界之處，所以叫中廟。每當大地穿上新黃嫩綠的春裝，舒、廬、巢、合四縣的善男信女，便像潮水般湧來。

想到這些，便又想起與湖水神廟結著生死緣的，比我父親祗大幾歲的隔壁三爹。他不像我父親可畏，在我小心靈裡，也是位了不起人物——上天下地都知道。三奶也是位和靄可親的人，因此，我一有空就溜到他家。

三爹沒有什麼財產；唯一的謀生方法是，划著比洗澡盆大幾倍的腰盆，到湖裡扳蝦子。提起扳蝦子，真有趣！將兩根篾片交叉成㐅形，撐在塊似小方桌巾般的用紗織成的罾上；篾片交叉處綁個啞鈴般的磚，磚的兩端挖一指頭大的小窩；磚中間繫條兩三尺長的鬃繩，繩的另一端繫根竹棍。把炒熟的大麥磨成的蝦餌放進磚的小孔便丟到水裡。不到頓把飯工夫拿上來，就有很多拖著美麗盔毛的、晶亮的蝦子在罾裡跳著舞。

三爹喜喝兩盅酒，一閒了，就含支竹根做的煙袋；兩頰都吸成窩，手指和牙齒熏的比他古銅色皮膚還黃。他常用那毛刷般的嘴在我臉上親；雖然又刺痛又有股難聞的味道，可是我高興。

是我啓蒙第二年進香季節一個晴朗的上午，三爹用他摸得光溜溜地煙袋，在我頭上輕輕敲下說：「老窩子(即么子)，我帶你看燒香，去不去？」

看燒香？那是我求之不得；何況又有三爹一道，但一想到父親，一團高興便煙般散了，懊喪地說：「我爸爸不會准我去的！——昨晚他還罵我玩野了心。」

「沒有關係，你說是三爹叫去的。」他用蒲扇般粗手在我肩上似拍似推的撫了下。我還沒有跨過門欄，他已扯起似擴大器的喉嚨：「家祥，我叫老窩子看燒香去，你不要又難爲他。」

燒香的都背個寫著「朝山進香」的黃布袋，一面吹敲各種樂器一面唸經；一字三哼，揚抑頓挫，像百花怒放的幽谷中的鳥語蜂吟般美妙動人！

燒香種類很多。有燒清香的，邊走邊唱，都是男子；有燒肉香的，不知他們怎麼竟將香插在額上？另一種是燒跪香，都是女人或小孩，端個小凳，上面放著樂器，像新娘似的頭上戴著幾樣珠鍊，低了頭跪著走，最好看！

快到廟時，三爹買了些香燭；又買了幾個大麻餅，和我最愛吃的玉帶糕給我。一進山門，就有個滿臉笑容露著肚臍的金黃佛像。我把三爹手一拉說：「三爹，這是什麼菩薩？」

「大肚羅漢，又叫歡喜佛。」

但是我把香插進香爐時，見它下寫的是「彌勒天尊」。正回頭要向自以為萬事通，卻連菩薩名字都不知道的三爹取笑時，只見牆邊有兩個和房子一般高的瞪眼露牙，抱琴玩蛇的怪像，我忙轉過臉；誰知這邊也有兩尊一樣高大的巨像！我嚇的連叫帶竄的躲到三爹的棉袍裡。他把我抱起溫慰地說：「不要怕，這是捉妖怪的四大金剛。」一直等擠過沙丁魚般人群，到了一個黑洞洞的樓前才把我放下：「牽著我手走；這樓常有人找不到路呢？」

真的，樓雖祇有三層，可是不知有多少彎？又加到處都有門，真把我攪昏了頭！到了最上一層樓，他又輕輕地對我說：「娘娘菩薩在這裡，不要亂搞！」

他燒香時，硬拉我也跪下。我磕了個頭就爬起來跑到臨湖的窗邊，居高憑眺；湖水宛如微風下一片盛開著銀花的蘆葦地，點點的白帆，好像輕靈的鵝毛似的，飛翔的沙鷗，更似飄揚的雪花般；別有一番情趣！可是卻急的三爹連籤都未聽道士解釋完，就趕了來。

玩了一會，人已走了很多，他便也帶著我向回走。

出門時，忽見左邊放著隻靈巧的古舟，我迷惑地問：「三爹，這小船是做什麼用的？」他拼命地吸著旱煙，我知道準又有個好故事了。果然，他抹了下嘴說：「這是娘娘菩薩救遇了風，出了事船用的。娘娘真是位最慈悲最靈的菩薩！從前在一個刮著大風的漆黑夜裡，有隻船迷了方向；船上人都跪下，求娘娘搭救，馬上就有盞神燈在前面指點他們，遂很平安地過了湖！從此只要船快到廟時，就燒香放炮竹，請娘娘保護。」他說時的臉色和求籤時一樣充滿虔敬。

「三爹，怎麼無論多大水，它都不會淹掉？」在路上沒有事悶的慌，我故意指著遠遠伸在湖裡的盧姬嘴問。

他向空中把煙吐淨了，猶如一個喜歡誇耀自己學識的演說家，又得到表現的機會般說：「從前有家窮的一天連兩餐粥都吃不飽的人家，一天夜裡又生個女孩，她父親因養不活她，想趁黑夜把她丟到湖裡。但走到雞叫，卻還沒有到湖邊！他怕被人看見，就丟下走了，那曉得她命不該死，第二天有個很有錢沒有孩子的船家，正好靠在那裡，見她長的很好，就抱了回去。後來大了，竟被選進王宮！因此沾著她的福氣，水就淹不掉它。」

晚上睡在床上，我的小腦海裡也激起波瀾；我父親不相信有什麼神呀鬼的，但今天三爹說的不都證明有神和命運嗎？我不由地爲著三爹歡喜！——既有這麼靈明的神，那定會降福給這位善良的信徒的了！

年也過了，節也過了；三爹又爲肚皮勞碌去了。

一日，天忽像鉛般要掉下來；風也似怒獅般咆哮著。扳蝦的都哭喪著臉回來。不久，天更陰沉，風更狂野；但三爹仍沒有回！三奶急去問對門似銅像般的二牛子。

「三爹今天運氣真好！所以捨不得回來。」二牛子一面晾著蝦罾，一面妒羨地說。

三奶又跑向湖邊；我不由的也跟著。

在一片像萬馬奔騰、肉搏廝殺的戰場的怒濤中，除了幾張被風吹斜的暗褐的帆外，祇有三爹一隻像浮萍般的腰盆。她像受傷的猛獸般迎著風掙扎著；朵朵令人寒懍的浪花飛舞在她的四週。

忽然三奶蹲了下去，將合著掌的手舉到胸前。我猜定在向威靈顯赫的娘娘求救。三奶拜了幾拜又拔腳向回跑；我又摸不著頭腦地尾隨著。

她到了家便點了香，跪在供著「天地君親師之位」牌子的案桌前禱告。我下意識地將這事告訴了父親。他急去請村裡年青力壯、水性好的男子快駕船去救三爹。

三爹回來了；但不是像往日般笑嘻嘻含著煙袋回來，而是抬回的！他兩腿似三角尺般曲著，雙手仍緊貼一塊，肚子像孕婦般。據二牛子說，他們到時，三爹已似醉了般躺在快沉的盆裡。三奶早已哭的淚人般；還是我父親提醒她才把三爹衣服換了，肚裡水揉出來。

我父親又說：「三嬸，三爹您讓他靜靜地睡著，我去請醫生來替看看。」

三奶胸有成竹搖手說：「醫生不中用的。我看定是磕頭時忘記洗手，觸犯了娘娘菩薩；我明天代他去求點仙丹，一吃就會好的。」

父親沒有說什麼；我可對娘娘菩薩有點不滿！——祇要心誠，就行了；何必注意那些形式；再說，即使沒有洗手，也犯不著這樣呀！不過經三奶這麼一說，使我更相信祂的靈驗了。

第二天天一亮，我就去看三爹；他比昨天好些。一會三奶提著香燭紙馬等來，向我囑咐幾句就匆匆走了。到快吃早飯時，才拿個小紙包回來；取了點開水，將包裡東西倒在裡面，要給三爹吃。我一看，竟是香灰！不覺驚叫出來：

「三奶！那是香灰怎麼能吃？」

她像怕觸怒誰似地：「小孩家不要亂說！這是娘娘菩薩的仙丹。」我聽是娘娘菩薩，也嚇的木雞似地。

自此，三奶每天清早就去廟裡；在焦心勞力下，眼眶都熬的深陷下去！可是三爹也一天天的枯黃下去，像一個稻草人般；呼吸也似遊絲般微弱！

我父親看不對勁，便又對三奶說：「三嬸，還是請醫生看看吧；儘喝那東西，人是受不了的！」

三奶仍搖搖頭說：「今早我問娘娘，說是遇了邪；所以晚上我請王爺菩薩來幫捉鬼。」

捉鬼是四個人將王靈官抬到家裡，一個人敲著震破耳膜的鑼，另有許多人拿著柳條滿屋亂刷亂叫；鬧了個把鐘頭，便像瘋子般跑到村外，將一個土罐埋了，才算完事。據說鬼就封在罐裡。

父親見三奶這麼做，向被刺了一針般：「啊，三嬸！三爹這樣衰弱，怎經的起那一鬧？」當然，三奶是不會聽人的話，寧可信神的話。

晚上，我本想爲三爹效點力；他們說年紀小，火眼低，怕碰了不乾淨東西，不准我去，只好睡在家裡。可是那鑼聲、人聲，吵的心都要翻出來，那還睡的著？

人靜了後不久，忽聽見三奶反常的悽厲地哭。一個可怕的預感，通過了我全身；我的呼吸也跟著急促起來，血液也在凝結，枕頭已像冰塊般溼漉漉地。不一會，天亮了；但我的心卻越來越黑暗！

從此，再也看不到含著煙袋笑嘻嘻的三爹了；再也沒人對我說故事了！不過我和三奶仍信神是靈的。對三爹的死，三奶認爲是命裡註定的；定是「仙丹」吃的太少。和那夜人聲、鑼聲太小的緣故。

公論報　四十三年十月十七日

田單復國

田單，是齊國王室遠族宗親，湣王時，在臨淄當市掾。他喜研讀兵書，常想：「我這個小文官，雖然用不上兵法，可是，勝敗乃兵家常事，我國雖很強大，但如果有一次敗了，我的家鄉變成戰場，那時，我的兵學知識就有用處了，——把鄉人組織起來；也許就因這一仗把局勢扭轉過來呢。」

周赧王三十一年，燕昭王爲報父仇，特派樂毅爲上將軍，率二十萬燕軍，會合秦、趙、韓、魏四國聯軍伐齊，於濟西大敗齊湣王，一路勢如破竹，直逼齊都臨淄，湣王出亡請援；田單率同族人逃到安平。燕兵繼續東進，安平城裏一片混亂，大家扶老攜幼，紛紛登車逃難；田單卻泰然地指揮族人，將車軸鋸短，用鐵皮把車軸兩頭包起。別人都暗地嘲笑他：

「這人真不知死活！燕兵已向這邊殺過來了，他還在作這些無聊的事！」

「啊，敵人攻進安平了！快逃啊！」

一片尖叫，一片哀號，頃刻間，安平城內充滿了恐怖，大家爭著由東門南門向外逃。車碰車，人擠人；因爲車軸長了，不是掛在一起，就是擠斷車軸不能走，多被燕軍俘虜。田單的一族人卻平安的逃過大劫。

逃出安平，有些人奔向莒城，因爲那裏有楚將淖齒率領二十萬楚軍協助齊王，抵抗侵略，一定很安全。

田單卻向族人說：「正因爲君王在莒，燕軍必竭力進攻，而淖齒的二十萬大軍，正是一種隱憂；別人肯爲齊國賣命嗎？在這強權即是公理的時代，外國人能相信嗎？所以，我決定去即墨。那裏不在楚人勢力範圍內，而且和莒成犄角之勢，可以互相呼應。」

但是，他不能把這看法對他本族以外人說，怕他們誤會他別有用心。不過，田單截短車軸的故事，已傳遍逃難的人群，現在見田單帶著族人向即墨方向逃，心想他一定有道理，所以，多跟著他走。

離即墨越近，田單担子越重；不祇老弱婦孺要照顧，很多年輕人也叫著受不了；騾馬，有的累餓倒了，有的教人看來，不知是馬在拖車，還是車在推馬？

族中有人向田單建議：「族長，這樣下去，我們都要當俘虜的。走不動的，就不要管吧！」

田單臉色一沉說：「他們拋棄家產，丟下祖塋逃出來，都是忠貞之士，就憑這一點，我也不能不管呀！」

等他們到了即墨，燕軍也跟著到了。這時，齊國七十多座城池，都已被燕兵攻佔，祇賸下莒和即墨了。

即墨大夫見燕軍來攻，乃率兵出戰。誰知燕軍不如傳說的厲害，略一接觸，就敗退了。田單知道事情不會這麼簡單，向大夫諫說：

「大夫，燕兵一定有詐！再說，這種小勝也沒有用；我們應該固守，不要無謂的消耗實力，以等待最佳的時機，給燕軍以致命的一擊！」

大夫說：「田先生，你錯了！燕軍長時間攻擊前進，兵也疲了，將也驕了，我們正好以逸待勞，積小勝爲大勝。若想以區區即墨守軍，給燕軍致命一擊，恐怕祇能說說罷了。」

第二天，大夫又率兵出擊，打的燕軍棄甲而逃，大夫乘勝追擊，田單在城上看得直跺腳：

「大夫中計了，大夫中計了！」

話音還沒有落，祇聽得一聲號令，伏兵四起，大夫和齊軍都戰死了。

城內人士集議商討對策。有人說：

「不要作無謂的犧牲，還是投降吧，免得我們家破人亡！」

「胡說！我們齊國從來沒有投降的！」

「我們是要爲家破人亡的同胞復仇！」

主席說：「投降，絕對辦不到！想想先王匡正天下的偉業，我們落到今天這樣，已是罪該萬死，怎能再做出賣國辱祖的醜事來？不過，大夫陣亡了，我們得選一位智勇雙全的人領導。不然，不投降也是要做亡國奴的！」

「田單！他是君王的宗親。在安平教我們鋸短車軸，領著我們平安的逃到即墨，實在是最理想的人選。」

這一提議，迅速地獲得大家的同意。

田單說：「國難當頭，承蒙各位抬舉，我祇有勉爲其難。不過，我有幾點要求，請各位共同協助。」

「我們絕對服從將軍的命令。」大家齊聲說。

「謝謝各位！」田單繼續說：「第一，我們要實施人力動員。壯年男子一律接受軍事訓練，專任作戰任務；年輕婦女，編入軍事輔助隊，負責醫療、救護、宣慰、運輸、縫紉、炊事，防諜保密，維持治安等工作；年老體弱的，擔任巡查、肅奸、看守、文書、通信。其次，我們要實施物力動員。請各戶踴躍捐獻金飾，油類；大家利用空閒掘井、開墾，撿拾巨木塊石，堆置城頭，於城頭要點，設置油桶，巨爐、煎鍋，以備作戰之需。第三，我們要深溝高壘，以爲固守。除年老體弱者外，其餘於每天軍事教練後，一律參加構築防禦工事。」

次日進行編隊，田單家人亦按照規定，各各編入隊伍。田單也和士卒一起操作，並不時登城瞭望，巡視全城；夜晚，則和幕僚研究戰略戰法，研判收集來的情報，每天要到三更纔能就寢。

在莒城，楚將淖齒弒了湣王，齊人在王孫賈領導下，於殺死淖齒後，迎立太子法章，號襄王。樂毅趁機發動全面攻勢，即墨城外齊民紛紛攜帶財物、牛馬，入城避難。田單在城上眼見牛群勇猛無畏，長驅入城的情形，若有所悟，暗自點頭。

燕軍猛攻即墨，城上箭石滾木，像雨般落下，燕軍死傷甚多，少數豎了雲梯登城的，不是被刀劍砍死，就是被熱油沸水燙傷而被俘。於是，樂毅知道田單並不簡單，乃下令退軍十里，改採懷柔政策。

在一次作戰會報上，田單向僚屬剖析當前局勢說：

「敵人的退守，乃是我全城軍民團結奮戰，第一回合的勝利。曠持日久，燕軍必耽於逸樂，這對敵人鬥志打擊是很大的。而且樂毅是趙人，和燕太子樂資又不和，他不到半年下我七十餘城，現相持三年，而不能克莒和即墨，必啓燕人猜忌。所以，祗要我們站得住，一定能驅逐燕寇，收復失土！」

在僵持的三年中，田單並不是守在城裏等待燕軍崩潰；他早已在敵後開闢了另一個戰場。他上面的分析，就是根據敵後情報所作的結論。

一天，田單接獲情報：燕昭王因亂服丹藥而死，太子樂資已立爲惠王。田單乃加派幹練情報人員潛往燕國，加緊進行謀略戰。

於是，在燕國大家傳說著：

「樂毅不攻下莒和即墨是有原因的；他已和齊國訂了密約，把二城留給齊王，他要自立爲王了。」

「啊，怪不得樂毅對齊國人那麼好！」

「樂毅很早就想王齊，祇是先王對他太好了，不好意思；現在，是時候了。」

「對呀，聽說惠王從前爲了不滿意樂毅，被先王當眾打過呢！」

「齊人最怕把樂毅調開；樂毅一走，齊國就完了。」

「是呀，不但他們之間密約完了，換了誰，也不會對齊人那麼好呀！」

數月後，田單獲報：燕惠王已派騎劫接替樂毅。田單笑說：

「上天佑齊，復國的契機終於到來！」

騎劫是一個急功好利，有勇無謀的人，爲了使人認爲他比樂毅強，乃一改樂毅作風，下令攻打即墨。可是，五年的征服者生活，已腐蝕了燕軍鬥志，大家又不滿樂毅被撤換；再加騎劫毫不講求作戰計劃，祇是一味猛攻；越是防守牢的地方，他越是向那裏攻。他指著城頭獰笑說：

「哼！我看你田單有多少弓箭？祇要我突破了這一點，你就整個完了！」

燕兵的屍首，像楓林的落葉，把城外鋪成一片紅。跟上來的燕兵踏在上面，想想自己就要和他們一樣，腿都軟了，那還有勇氣打仗？

燕軍的攻勢被阻遏了，樂毅已去，田單想：現在是進行心理戰的時候了。

第二天，田單召集部下精神講話時說：

「晚夜，我夢見上帝告訴，即將有神人來幫助我們興齊滅燕。」

有一個小卒領悟了田單的意思，走到田單身旁低聲說：

「我可以作神師嗎？」

說完，轉身就走。田單急忙追回，向大家宣說：

「他就是我夢見的神人！」

乃請他坐在上座，拜而師之。等眾人走了後，小卒乃說：

「我欺騙了將軍！我實在沒有什麼本領。」

田單說：「我知道。你祇要裝著很神秘的樣子，一切我自會安排。」

此後，田單每行一事，必說是神令而作的，而所行的，又正合時宜，於是齊人信心大增。這事不久也傳到了燕營。

一天，田單又傳令說：「神師有令：『吃飯時，應先於庭前拜祖先，以求祖宗保佑，重振祖業。』」

連年戰亂，於是，四方覓不到食的饑鳥，群集即墨，上下飛翔，蔚爲奇觀。燕兵見了，以爲真有神仙下降助齊，軍心大爲動搖。

田單又暗派人到燕軍中散言：「鬼神最怕見血，捉到齊人把他鼻子割了，放在陣前，又可以破他們的神，齊人又怕鼻子割了不能進天堂，必害怕而乞降了。」

這話很快傳到騎劫耳中，他真的照做了。

田單又派人在軍中傳說：「齊人沒有什麼神仙幫助，祇是他們的祖宗陰魂在作祟罷了。如把他們祖墳挖了，不但破了他們的『邪』，齊人爲了保全祖宗屍骨，一定開城出降。」

騎劫真的又派兵把齊人祖墳都挖開了。

齊人眼見燕兵這些殘酷暴行，都激憤的向田單要求，出城和燕軍死拼。

田單見士卒已可決戰，乃進行最後一場謀略戰：把城上守衛都換上老弱殘兵。

第二天早上，即墨城開了，一位田單使者拿著白旗，策馬跑向燕營，向守衛燕兵說明來意，即被領至騎劫大營。使者一路留意觀察燕營形勢和兵力佈署，默記心中。見了騎劫，伏地叩頭說：

「啓稟上將軍，我們齊軍中的神被上將軍破壞了，軍心大亂，田將軍特派小人來向上將軍請降。」

騎劫聞言大笑說：「哈哈，我早就料到有這麼一天的！」他得意地回顧諸將說：「我比樂毅怎樣？」

眾將齊聲說：「將軍強的多了！」

燕營中大家在談論著：

「齊人就要投降了！」

「我早就看出了！你看，他們打的祇剩下一些殘兵守城，不投降還待怎樣？」說話的把手向即墨城上一指。

使者回到即墨，畫了一張燕營簡要形勢圖，并把騎劫和燕將驕狂的情形，一併呈報了田單。黃昏時，田單又派人帶著黃金，到燕營散給燕將，哀求說：

「這是一點小敬意，請將軍進城後，保全我們身家性命。」

燕將笑的嘴都合不攏來，各交一把小旗，囑插在門上，以便燕兵識別。齊人回城途中，祇見燕營到處擺著酒席，正準備慶功豪宴。他們把這些情形，都報告了田單。

這些天來，田單都在指揮眾人在北城牆腳，向外挖了幾十條一丈寬的通道。把徵集來的一千多頭牛，披上繪著五彩龍紋的紅衣，角上綁著犀利的尖刀，尾上綑著浸滿膏油的蘆葦，每穴併放著三頭牛，共分成三個波次。五千壯士臉上、衣服上也塗滿彩色，各執兵器隨在牛後。

這天晚上，田單一直站在城樓上觀察燕營動靜，祇見燕營中的火把，逐漸地由明亮變爲黯弱，最後，零落得像鬼火一般明滅不定。他心想：是時候了！

「點火！攻擊——前進」

一聲令下，兵士齊把牛尾上葦束點燃，牛群負痛、排山倒海般直奔燕營。牛的痛嗥，兵士的喊殺，和城上老弱婦孺奮力敲擊鑼、鼓、鍋、盆聲，混成一片，令人心膽俱裂。醉飽的燕軍從睡夢中驚醒，祇見火光燭天，無數的神怪從四面八方衝來，來不及揉眼看清楚，就已喪身於利刃、牛蹄、烈燄。熊熊的火燄，燃燒著牛尾，燃燒著燕營；齊軍心頭復仇之火，比它們更暴熱。瘋狂的火牛，瘋狂的齊軍，奔衝到那裡，烈燄，慘叫，死亡就跟到那裏，——流自燕軍臃肥軀體裏的血，洗去了齊國塵封的恥辱！

騎劫從醉臥中爬起，醉醺醺地走出營帳察看。一陣火牛衝來，他急忙躲開，正待拔劍，田單已率大軍掩至，一陣亂刀，他連發生了什麼事還未弄清楚，就已躺在田單的劍下，——王齊的狂夢醒了，人卻永遠地睡了！

失去的七十餘城，不到一個月，又都飄著大齊的旗幟。

田單重回臨淄，下令修葺王宮、太廟。整建被燬的建築，清掃街道，恭迎襄王返駕臨淄。田單發跡於安平，齊王為了酬庸王叔復國的大功，乃封他為安平君，食邑萬戶，永為齊相。

本文入選《歷史人物故事》教育部社教司徵文選集，正中書局、民國六十一年一月初版

小愛國者

再過兩個月，就是文兒生日了。記得去年妻曾說：「小文生日快到了，我們爲他買點什麼禮物呢？——我們從來沒有爲他買過像樣的東西啊！」

「嗯，是呀。」我有點漠不關心地答。

「那麼，買什麼呢？」

「噢……」我漫應著。

「怎麼？說呀！」妻有點不耐煩了。

「我也是這麼想，可是……」

「可是……可不是又免了。」妻生氣了。

「不是那個意思，可是……」想想我是有很多地方沒有盡到做父親的責任，我既是慚愧，也不知如何向妻解釋好，不由又打住了。

「好了，好了，不要可是，可是的了，今年就又算了吧！」妻了解我的心情，也就沒有再追問下去。

「純，明年文兒生日，我們再好好地慶祝一番。那時他已上學，也較懂事了。」

「好吧，看你明年的了！」

時間過的真快，一年又將過去了，近來上班，每天都忙裏偷閒的看看報紙，最先是裝模作樣的翻看國家大事，但不一會，目光就溜到「人事」廣告欄，遇到認爲「適當」的工作，就偷偷記下，再趁人不注意時，寫封應徵信寄去。可是……謝天謝地，總算有一封回信了！就這樣，我每天天沒亮就騎著，每一零件都奏著搖擺樂的腳踏車出去，將一瓶瓶「福樂」鮮牛奶，送到一扇扇關著美夢的門前。送完了「福樂」，賺著一身疲累就匆匆地趕去上班。

也許我近來太累了，情緒不大好，中午回家，總是覺得家裏沒有過去順眼，孩子沒有過去可愛。一天，我的「氣」車又洩氣了，待把它服伺到家，已將近一點鐘，肚子已咕咕地在抗議。一進門，祇見孩子們身上臉上都髒兮兮的，芬兒腿上拖著一條又濕又臭的褲子，妻卻還在洗菜。實在忍無可忍，衝口便罵：

「你越來越不像話了！妳看，這還像個家嗎？人家從早到晚累的和牛一樣，妳卻連飯都懶得做了！」

妻被我罵的眼淚直流，太氣人了，我看也不看她一眼逕自走開了。

第二天情形也不見好些，我氣的連罵也懶得罵了，賭著氣不理她。

那是一個隆冬的下午，討人喜愛的陽光，從割裂的藍天，悄悄地將溫暖撤向人們的懷抱。

妻見我臉色紅潤地提大包小包進來，驚喜的問：

「蓀，你買了這麼多是什麼呀？」

我笑了笑：「妳猜？」

「一定是給小文買的生日禮物。」

「那還用妳說。」

沒有待我說完，妻已迫不急待地接過去打開：「啊，太空衣、洋裝、原子褲、皮鞋。呀，這生日蛋糕真美，上面還有一對像要飛的小天使！」妻眉飛色舞：「還有飛機、槍，這個小鋼琴是不是給小芬的？」

「是啊，她不是一聽到收音機中音樂節目，就跟著唱呀跳的嗎。」

「等下他們看到這麼多東西，一定會高興的跳起來。」我得意地笑著，——我的辛苦已有了報償。

「蓀，你也來看我給孩子們的禮物。」妻揚溢著喜悅，像一朵火焰般飄然從我身旁走過，我的高興也突然隨著飄失了，輕蔑地「嗯」了一聲，——那還不是從我們身上刮下來的，我想起了近來吃的菜越來越壞了。正氣惱間，妻搬著上面有著商標的紙盒來了；一盒是文兒的西裝，一盒是芬兒的棉襖，還有積木和一隻戴著假髮的洋娃娃。我再也忍不住了：

「妳不能爲著買這些東西，就每天剋扣菜錢呀！」

「誰扣你的菜錢？你一個月不吃菜，還不夠買這些東西呢。」妻雖然在爭辯，卻絲毫沒有火氣：「這是我每天上午去爲人洗衣服賺來的！」我這才恍然大悟，爲什麼這一個多月來，家裏沒有過去整潔的原因了。正當我慚愧得不知向妻怎麼說好，文兒已騎著腳踏車戴著芬兒回來了。

「啊，飛機！」文兒高興地叫著。突然，他把伸出來的手又縮了回去，我們都怔住了。

「怎麼啦！」我問。

他板著臉孔說：「我不要這個！」

「你不是常常吵著要飛機的嗎？」我更莫明其妙了。

「我要我們中國的，不要這個外國飛機！——老師說，我們是中國人，要用中國貨！」他像抗戰時街頭演說者般滔滔地說著。我這才注意到機翼上一邊漆著美國國徽，一邊寫著「USAF」，我下意識的去拿那支OO七型手提式槍，上面也都是英文。我頹然地說：

「晚上我爲你去換。」

店員小姐見我拿著玩具進來，就已滿臉的不高興。我像檢閱官般把店裏的玩具都點了一遍名，從幾塊錢一個的到一千多元一件的，沒有一個上面有中國字或青天白日的國徽。她見我傻傻地看著玩具，再也耐不住，譏誚地問：「你要什麼啦？」

我抬起了頭，茫然地說：「請問有沒有本省做的玩具？」

「這都是台灣做的呀。」她不屑地瞟了我一眼，從她輕蔑的眼色裏，我知道她心裏說的是：「這個土包子！」

我不知是怎樣地走出了玩具店，更不知往那裏走好？忽然，從閃耀爭媚的招牌上，我得了一種啓示。七轉八彎的，終於找到了一家油漆行。

「老闆，請你把這些塗去，再漆上青天白日的國徽。」我指著飛機的機翼說。「這上面請你寫上『中華民國台灣省製』。」我又指著槍柄說。

青年戰士報 五十七年五月一日

裙帶之災

很慚愧，有生以來從沒有攀扯上裙帶關係，這次沾了點邊，卻飽受一場虛驚。

「王老爺，太座傳旨，大水衝進『龍王廟』，速打駕回府　　李志良留卅日下午一時廿分」

一進辦公室，見桌上壓著這麼一張條子，先倒吃了一驚，待看到後面的名字，我又一笑置之；老李這傢伙最愛開玩笑，有天中午下班時，我和同事在下象棋，他走來一本正經地說：

「王老，太座有請。」

「在哪裏？」

「電話點名！」

不由得我不信，也不敢不信。待我離開椅子，他就一屁股坐上，大笑說：「謝謝見習官！」休息時間已過去一半，午睡已不成，只有遵命，站在旁邊『見習』。不過，今天他沒有騙我的必要，還那麼正經經的寫上幾點幾分。若是說我家淹水，我可不相信，我那裏地勢很高，我常開玩笑地和人說：

「哼，你的兒子即使騎馬逃進第一公司的四樓，還是受我兒子胯下之辱呢。」

莫說『艾琳小姐』上午只撒下一把象徵的『遙遠的愛』的眼淚，就是像葛樂禮瘋子那樣哭得人死去活來，在我的門前，也沒有留下一些漣漪。整個上午我懊悔的是不該叫文兒牽著艾琳阿姨的裙裾上幼稚園，還小嘛，磨練他的日子還長呢。妻也許是爲此打電話來的，一想到這裏，我三步併作兩步的奔了出去。等了很久，才游來一部空計程車，到了吳敬恆老先生銅像前，好像豎有『百官眾民，在此下車』的牌子似的，所有的車子都停擺著；人呢，勇敢的，涉水而過；懦弱的，望『洋』興嘆；『高級』的，困在車內，進退不得，窘態畢露。這也許就是君主時代與民主時代、孔老夫子與吳老夫子不同的地方？我呢，捲起褲腳，『乘風破浪』，重溫兒時戲水捕魚的夢，失落的，是那一份童稚，那一份歡愉。

趕到家，妻正在戽水，屋內『重重疊疊』的，即使真有『瑤台』，可也沒有心情欣賞了。於是，我亦加入戰鬥序列。孩子們卻高興的不得了，在床上又蹦又跳又叫的，芬兒口齒不清的叫：「爸爸，『嘴，嘴』（水）！」

文兒拿根棍子在水中撥：「爸爸，你看我在划龍船！」

我更一陣心酸：「孩子們真可愛！就是死神來人間巡察，他們也會和見到外公般笑吻他呢！」爲了護衛、培育這些可愛的小生命，不是什麼犧牲都值得的嗎！

外面的水退了，屋內的地在乾布擦、電扇吹之下，也快乾了。妻正準備開飯，忽然驚呼：

「水！」

從來沒有淹過水，所以，中午水從什麼地方進來的也不知道。現在才發覺是由隔壁像小偷般悄悄地溜過來的，這下又得作第二回合的戰鬥了。天已將黑，這場戰鬥不祇是艱苦的，勝敗也未可逆料呢？我要妻帶著孩子吃飽一點，自己則用布去抹水，不一會，這法子不中用了，乃用畚箕，底平平的，倒怪實用。

妻一面吃，一面看，說：「水還是在漲呀，有什麼用？」

我看了看，像見大勢已去的指揮官般，黯然丟下器具，也去吃我的『晚餐』，——作更壞打算的準備。囧時不覺得，這一丟下，很快的整個屋子都被水佔遍了。還有奇景呢，像黃石公園般，地上湧著朵朵的泉頭！而門檻上，水像攻破圍城訓練有素的士兵般，簇擁著靜肅地、急速地翻越而入。我和妻忙了一陣子，將衣物、箱篋儘可能的架高，除此之外，也就無能為力了。好在孩子們養成了早睡的習慣，中午又沒有休息，不太費勁的就將他們哄睡了。看水勢，一時還沒有關係，為了應付即將來臨的戰鬥，我要妻也早點睡，我也躺下，一家大小擠在床上，和躲在諾亞方舟裏的心情一般，那怎睡的著？索性從文兒的小黑板上取一段粉筆，在床腿上劃橫線，每一劃線相距五公分，這可不能由下向上記，水一淹，就了無痕跡了，乃由床沿向下記量，這樣，上面還賸幾條線，就可知道又進了多深的水了。我這才又躺下，眼睜睜的看看錶再看看床腳上的線。九點半以前，水進的很慢，九點半以後，就漲的很快了。

芬兒的小床也漂起來了，被房門口進來的水沖得直向屋角裏躲，怪可憐的。木屐呀，臉盆呀，積木呀，皮球呀，……都像有生命般的活動了起來，互相撞擊著，像一群吵鬧的孩子，小小的房間，真個成了童話王國。

這一沉迷，水又溜進來了好幾公分，雨仍下個不停，看樣子祇有最後一條路——逃了。妻乃收拾一些衣服、毯子、現錢，用裝太空被的塑膠袋裝著。打點妥當，皮球已可摸觸床沿，似乎急於要和它的小主人吻別。不能再猶豫了，叫醒了孩子，穿戴好雨具，一人抱一個，提著塑膠袋，離開了這不能渡救我們的『方舟』。外面「走吧！走吧！」的聲音已叫成一片，我們亦隨著人群逃向附近的營房，那裏不但地勢高，還有通信設備可和外界連絡，有車輛可供緊急搶運，離家又近，隨時可照應，真是理想的去處。大家狼狽的走進營門，立即被戰士們熱忱的接待在中山室，裏面有桌子可給孩們作床，有椅子可休息，還有電視欣賞，報紙雜誌消遣，不過，大家都沒有心情看，孩子們也興奮的不肯睡。戰士們一部份已乘上卡車，準備去搶救附近的居民，風雨正急，指揮官在車隊前召集班長們作最後的指示。隨即一片馬達聲，車輛開動的隆隆聲，比風雨聲更大，比風雨更急。留在營內的戰士有的協助安頓年老人，有的準備茶水，更抱來棉被、戰備口糧，孩子們吃的很新鮮，不停的向小嘴裏塞。指揮官目送車隊消失在黑暗中，又走進中山室，從濕淋淋的身上，可看出他已辛苦了很久。他問我們需要什麼幫助，需要什麼東西？

「你們只管說，只要我能辦的到，一定盡力爲大家服務。」他充滿感情的說。又過來問年老的受驚了沒有？冷不冷？摸著孩子的頭，微微地笑著，好像多年不見的近親般的關切。這份濃濃的珍貴的溫情，把剛才浸泡在風雨中的寒顫，又驅回風雨中；把高不可攀的艾琳小姐流的虛假的『情人的眼淚』，害得我徹夜不能成眠的痛苦，也暫時的忘卻了。

註：葛樂禮、艾琳，颱風名。

青年戰士報　五十七年十一月二十一日

南亞海嘯驚悚夢

這是他有生以來擁有的最大財富；他領了資遣費。辛苦了二十多年，他要好好犒賞自己。近半甲子上班下班，終日與機械爲伍，雖然與它們也產生了濃濃的感情，但兩者之間是冷冰冰的，沒有話說；缺乏那種鮮活的，使人狂熱、令人感傷的生命力的激盪。二十多年的黃金歲月，沒有撈到黃金，只換來青春在默默中流失。他要去一個人多的、熱鬧的、開闊的地方，趁自己健壯時，痛快地享受一番生命力的奔放、激越；像用彩筆在那一片冷漠、空白的宣紙上，補上原本該有的彩色。

十二月下旬，他上了中華航空公司直飛泰國「南方之珠」普吉島的班機，飛行了四個多小時，他從機窗凝視下方碧波如鏡的大海，像新郎掀開新娘頭紗那一剎那，第一眼看到美嬌娘的驚豔般，捕捉前方躺在亮藍海水中有著朦朧美的普吉島。思緒還來不及清理，眼瞼下的普吉島已清晰得如撒落在明鏡上繽紛的珍珠。在海浪波動中，那顆大珍珠猶如母雞招喚小雞，四週小珠雞群升沉靈動，他的心也跟著雀躍不已。歡渡耶誕和新年假期的數萬名觀光客，已陸續湧進這璨爛的珍珠之島。

他仗著年幼時在故鄉湖水中練就的一身游泳功夫，選擇來到狀如啞鈴，有著豐富海洋生態的披披島，要去海底一顯身手。在台北都市從叢林裡沉浮了數十寒暑，他一踏上渡假勝地的披披島，就好像回到淳樸、原色的故鄉湖濱，只是更增綺麗、嫵媚。湖水泛白，海水湛藍；湖底貧瘠，海底可是層層疊疊的色彩繽紛啊！

他急於一窺海水下蘊藏的豔麗世界，第二天就潛入海底珊瑚礁區，猶如進入另類眾仙群聚的仙樂世界，清涼、空靈、冷豔。珊瑚林或如凌波仙子，婆娑水舞，婀娜多姿；或如佛傚華蓋，庇蔭浮游眾生。眼前盡是爭奇鬥豔，曼波泳舞，璨爛奪目。眾多各色熱帶魚群，宛如在華麗的伸展台上濃裝豔抹走秀的模特兒。他們用自己國度裡各自方言，喋喋私語，演活了每一方仙樂世界。他冥想著，從牠們斑爛的身影裡，沉潛入黑暗的深海，探索那連接大千世界亙古的生命之生滅成空的源起。

二〇〇四年十二月二十六日，是他，也是世人難忘的一天。昨天，他在披披島海域潛游了大半天，拖著一身疲累，晚上倒身酥軟的牀褥上便呼呼地沉沉入睡。突然，被一陣搖晃搖醒，房間內別緻的歐式吊燈仍在搖動。他確是太累了，眨眨眼，不一會又重回香甜的夢鄉。第二天才知道，凌晨位於板塊下沉帶的印尼蘇門答臘、亞齊省西北外海，發生了芮氏規模九．三級的地震，這在地震強度的分級上，已是很大的了。可是在遙遠的披披島只有二級微震。來自地震帶的台灣，他可是老經驗，地震幾分鐘過去了，又天下太平。他和眾多觀光客一樣，湧向海灘，在淡淡翠綠遮陽傘下，半躺在躺椅上。今天，他要做一個旁觀者，欣賞在細白如粉、一氣呵成的柔美的海灘上，漫步的倩倩儷影，和一個個爭相展露青澀而活躍的生命；一尊尊或豐滿、或娟秀的胴體，在飛花銀亮的海浪中載浮載沉，競逐歡笑、嬉戲。

他極目遠眺，湛藍的天，碧亮的海，翻白的銀浪，海天一線，壯闊邈茫。正當他沉湎於海天悠悠，偕宇宙同化之際，遠方浮現如灰色屏風的海浪，緊接著變為高捲的長浪，以一百六十公里時速奔向海岸。進入泳客戲水的淺水區，波浪前進速度減弱了，波長縮短了。不過，泳客們仍被這超過往常的劇烈浪潮，沖擊的東倒西歪，急急游向岸邊。這時，遠方海浪成爲皺摺狀，呈現堆積反應，浪高大幅增加，洶湧地推進上岸。海灘上遊客奮力向內陸奔跑，仍然不及巨浪前進的速度，多被及胸的如倒塌的圍牆般的海浪推倒。當他要爬起身，海水倏地像倒進巨靈的深喉嚨似的強勁的拉力，將他和其他海灘上的生物，連同匿居沙下的蟹類，一掃而光地劫走。——深海的地層被地震震裂了，像沙漏般，海水傾洩入地殼巨大的縫隙內。

在下沉的途中，只見昨天豔麗、奔放，手舞足蹈的珊瑚群如蒙塵的、被殺戮的後宮眾嬪妃般，肢體撕裂，花容失色，伴和著污濁的海水、泥漿，沉落黑暗深淵。昨天仍色彩絢麗，美姿泳舞的眾多熱帶魚群；絢麗的七彩神仙魚、紅寶石、蝴蝶魚；光艷的鑽光魚、霓虹燈魚、燈籠魚等，也都橫屍遍野，隨著海水直直流落破裂的海底罅隙中；如層層疊疊的靈骨塔，作爲另一類新興物種的養分、飼料。而一些具有感知災難來臨第六感，又有迅速逃避能力的較大型動物，有一些則幸運地逃離災難現場。

生命不一定得循序更替，也可以重新洗牌，全盤更新！他來了一趟黑暗的深海，卻嚇的忘了探尋生命的源起。

在急速的沉淪中，他幸運地攀爬上瀕臨絕種大海龜背上。牠隨著水勢一頭俯衝下去，嚇得他本能地伸手去抓扶什麼？他碰觸到一層粗糙的皮殼，手都被割破了。——他碰觸到的是像蛋殼一般的地殼。啊，謝天謝地！如果地震深度更深，震度更強，把這層薄薄的地殼震裂了一條縫，那結果就像一架巨無霸客機，在高空機身破一個洞一樣，飛機會立即爆炸、解體！那不只是海水四濺太空，連整個地球的球體也碎成片片，如方陣快砲上下四方掃射一般，四散飛去，再也沒有地心引力拉回它們！人們也不用費勁地在地球上尋找外太空隕石；該輪到別的星球上、我們習稱的外星人，撿拾來自解體的渺小的地球的隕石！

幸好大海龜有靈性；龜，自古即與麟、鳳、龍被人尊爲四靈之一。在牠順著海流衝向脆弱的地殼前剎住了。他得感謝這次大地震是淺層垂直型的，使海牀急速隆起，方圓千餘公里底層的海水，凝聚如湧泉噴出，大聲呼嘯，向四面擴張。他抓緊龜毛，又隨著海水直直地竄升。海龜划動右趾，略爲偏離上升水柱，海水沖擊的力道稍爲緩和，他也舒服的多了。只見南側一座沉沒水中的島嶼上，有座略有破損，卻仍富麗莊嚴的神殿，它是混濁的大海中唯一的彩色。那是南海龍王廣利王的宮殿，所幸沒有被大水沖倒，免除了龍王爺一家人不認識一家人的尷尬。一丈多高的廣利王敖欽虬髯朱髮，眼若金星，身披赤金甲冑，威武地負劍肅立殿前，觀察狂亂失序的大海，一臉無奈，無能爲力，似乎也難以逆天行事。倖存的蝦兵蟹將們滿臉驚恐，劫後餘生可憐像，勉力地圍護著龍王。瞬間前被如漏斗中的海水吸進、沒有色彩，失去螢光的動植物屍骸，又隨著噴湧的水柱而上。水柱外朦朧的海域裡，一條身影優美、修長，流線型的鯊魚受了傷，淌著血。原本和牠一起游弋、掠食的同伴們，一聞到血腥，立即邪惡而殘暴地撲擊牠，撕食牠，爲混濁的海水補上一筆彩紅。他很慶幸，牠們已飽食迴游，不然，他割破的手，也將使他葬身鯊腹。

平時海浪是在海面堆擠成的，此時巨浪是整體海水垂直彈射挺進。水流急驟的改變，使他握著龜毛的手一滑，靈龜俯身游去。他則重返海面，被一層層向岸邊極速湧進，高達十多公尺的水牆，以時速超過五百公里驚人的威力沖彈上岸，停掛在樹幹上。這三層樓高的海嘯吞噬了一切，完成它最後毀滅的一擊；眼前滿目瘡痍，一片廢墟！原本華麗的建築物像摧枯拉朽般解體，遊艇、車輛如踢出的足球般竄滾向內陸。排山倒海的水牆追逐著嘶哭狂奔的俊男美女們，多被往往返返狂暴的巨浪吞沒、拋出，破碎的屍體，橫七豎八的倒臥在醜惡的海灘上，傾倒的渡假小屋上，斜掛在樹叢中，翻轉的車腹中。大地舒暢的噴嚏，將人命，和人所製作的事物在一瞬間摧殘、毀滅！原來風景如畫，洋溢著歡樂的渡假勝地，應驗了《淮南子》：「樂極生悲」古訓，轉眼成爲人間煉獄！

老子說：「天地不仁，以萬物爲芻狗。」看著這幻滅的景象，倖存的他，弄不清是人生如夢，還是夢如人生？

丙·雜記

插圖：梅譯云

漫談『詩窮而後工』

宋朝大文學家歐陽永叔在〈梅聖俞詩集序〉文中，揭示：『非詩之能窮人，殆窮者而後工。』以哀悼聖俞懷才不遇。後人偏執其字面意義，認爲文人必得忍得饑、挨得凍、「窮」愁潦倒，才能寫出好的作品。可是近百年來，我們國家一直處在內憂外患交相煎迫之下，普遍的窮，爲什麼連一部媲美古代偉大的作品都沒有呢？可見物質上的「窮」，並不能使『詩工』的。序文中又云：『寫人情之難言，蓋愈窮則愈工。』則道出是精神上的負擔，——不得志；亦即『達則兼善天下，窮則獨善其身。』故乃有杜甫：『感時花濺淚，恨別鳥驚心』的觸景情傷之作；不全是物質上的窮。因爲文學的產生是由於人生的缺陷；這種缺陷雖也有屬於物質的；但是偉大作家的缺憾，都是屬於精神的；如屈原之作《離騷》。

怎樣才能達到這種精神上的「窮」呢？這就得追溯到文學家的特性。文學家的特性有二：

一、是耿介的性格。這種性格，在事業上有莫大的阻礙；在生活上有莫大的痛苦。所以，一個作家的性格如愈耿介，則所感受的苦痛必愈深；因此，所表現的作品內容也愈深刻。

二、是堅定的信仰。作家的理想愈高，信仰愈堅，意志愈強，實踐愈力；則所感受的生活愈豐富；所激發的情感愈真摯；而作品的內容也愈深厚。一個作家如具備了這兩個條件，就能達到精神上的「窮」了。

現在舉例以明之：屈原怎樣寫出《離騷》這部偉大的作品呢？因爲他有一個崇高的理想，——推行「美政」。但是，一方面遇到昏君；一方面又有佞臣，使他無法實踐理想。然而他的意志卻非常堅定；實踐又非常認真。他再三說：『亦余心之所善兮，雖九死其猶未悔！』『雖體解吾猶未變兮，非余心之可懲！』『阽余身而危死節兮，覽余初猶未悔！』可是，他意志愈強，阻力也愈大，感受也便愈深；因此，發而爲文，才產生這部永垂千古的《離騷》。

要想「詩」達到「工」的地步，除了精神上的「窮」外，還得要「窮」辭；也就是要搜尋最恰當的辭句或單字，來表達自己的感受和認知、理念。因爲無論是內在的感情，或外在的形象，如沒有精準的辭、字形之於文，它們必是隱晦的，無以名之的。所以，必須選擇最恰當的辭、字，才能使它們形之於外，感人、逼真。

例如宋代王荊公絕句：「春風又綠江南岸」，原稿「綠」作「到」字，復改爲「過」「入」等十餘字；最後才定爲「綠」，這一「綠」字，不但意象鮮明、生動；也意味無窮。再如唐．賈島的「僧推月下門」的「推」字，其師韓愈改爲「敲」字，令情境意象，都飄飄然不同了！「推、敲」二字，傳爲佳話。又如賈島詩句：「孤雲不定家」，「走月逆行雲」，一靜一動，鮮活地勾劃出雲和月的「動」、「靜」的形象之美。歐陽公自己每寫一文，便貼於壁上，無論吃飯睡覺，都望著它思索推敲，改了又改，改定時，常不存原文一字。比如《醉翁亭記》，原稿發端凡三、四行，但均塗去；而易爲「環滁皆山也」。這都是搜索枯腸，精選辭字以求允當表現的例子。

所以，欲使『詩工』，借用白居易〈長恨歌〉中「上窮碧落下黃泉」句，必須有這種「窮」的精神，才是「詩窮而後工」「窮」字的正確、完整的意義。

公論報　四十三年十月三日

慧 星

慧星在我國名爲孛星、俗稱掃帚星，古人都以爲是種不吉利的星，這不但表示古人天文知識的淺薄，也冤枉了慧星。其實它可說是太空中無家的孤兒，常常被大的星球吸來推去，這就是它運動的動力，它的軌道多呈拋物線、橢圓形、雙曲線，有的幾萬年才運動一週，甚至一去不回；至少也要幾十年。

慧星分核、髮兩部份。不管是向著太陽移近或離去，核部總是向著太陽，這是因爲慧星是一種比人工所能達到的真空還要稀薄的氣體，受著太陽光的輻射壓力所造成，所以向相反的方向伸展。大慧星的慧髮有的長達一萬萬里。當它愈近太陽時便愈亮：愈遠則愈暗淡，直到消失不見。

很多人都擔心慧星會和地球相撞，真可說是杞人憂天，在歷史的記載上，已有兩次慧星掃過地面，一次就是一九一〇年的哈雷慧星，但是，並沒有發生什麼災害。至於慧核和地球相碰，據天文學家的計算，要八千萬年才有一次可能的機會。

聯合報 四十六年八月二十六日

克難樂隊演奏聽後

克難樂隊是裝甲兵的一個擁有將近二十人的業餘樂隊，每個隊員都負有他本身的神聖任務，遇有演出，才臨時聚集一起。全部樂器都是用克難方式做成的；例如買些弦和蛇皮，利用舊膠板，作成小提琴，以舊號的喇叭接上竹筒，作成小喇叭，及鋼盔、砲彈殼、罐頭盒、算盤等一切可發出音響的廢物，加以有效的運用，組合；唯一不是克難的，是三隻口琴。

發明這些「樂器」，已不是易事，而使這些「樂器」能很有節奏地發出和諧、悅耳的聲音來，更是一件困難的工作！因爲要把這些「噪音」改變成「樂音」，不但須有管樂的修養；還要有創造的才能，合作的精神，方可使每一演奏者的位置適當，把這些平常爲人所煩厭的聲音，能巧妙的配合起來，成爲和悅的樂音。

該隊不僅發揮了克難的精神；更重要的是發揮了音樂和戲劇的天才！將抽象的音樂用具體的動作表現出來，使音符成爲「活的言語」，而予以趣味化。

聽了該隊演奏後，有三點感想：

第一、我國同胞對於音樂的欣賞能力較爲落後，但近幾年來，隨著各方面的進步，欣賞音樂的水準，無疑已大爲提高。所苦的是欣賞機會太少；這是欣賞水準低的最大原因。希望各機關、社團、部隊，能倣傚該隊，以克難的精神，組成業餘樂隊，經常演出，造成風氣，提高國人的音樂水準。

第二、克難樂隊具有美國搖擺音樂演奏者的風格，充滿活力、朝氣、熱情，而沒有他們牛仔型的粗野和原始性。這正是我們這個古老的國家所缺少和最需的！我國同胞多暮氣沉沉，不求進取，無論在思想、行爲、文化，藝術上，都是殘守著死人的朽骨不放！這實是我國不進步的原因。假如該隊能造成風尚，將那種積極進取，充滿朝氣、活力的新血液，注射進我們這沉沉欲睡的國民性裏，其收獲將是無法估計的！同時，希望政府能扶植該隊，使能充實設備，擴大演奏的範圍——也就是擴大影響力。

最後希望該隊能研究改良「克難樂器」，使現在這晦暗不明的樂音有所改進；進一步研究演奏者位置的排列，和怎樣才能使聲音配合得更好。其次，對於器樂、聲樂、舞蹈、和戲劇，亦應研究，使能當得起「藝術」二字。

聯合報　四十五年十一月一日

前事後事

交通事故，是伴隨社會現代化而日趨嚴重的悲劇。但是，一個講求效率的現代化社團，一定是運用一切力量，一切智慧來防止此一悲劇的發生。

在我們記憶裏，從飛機、到汽車，火車，乃至漁船，不知已發生多少次悲劇？每次悲劇發生，照例是慰問，哀悼、檢討、追查肇事責任，大談「前事不忘，後事之師」，可是，總是忘不完的「前事」，辦不完的「後事」！

這次永康大車禍的前因後果，新聞已有詳細報導，但最有價值的，是罹難女生的校長要求鐵路局立即痛定思痛，增加學生上下學時列車車輛班次。大家一定都有這一印象；不論火車或公車，在上下學時，那些焦急擠動的小臉，看了多麼令人心酸！誰無父母，誰非子女？如果在那群可憐小臉中，有一張是屬於您——交通主管、公車老闆府上的，您會有何感想？

「往者已矣，來者可追」，又是郊遊季節了，願交通主管，客運老闆，學校，家庭，共同防止再發生車禍，讓這次大車禍成為最後一次悲劇，則罹難學生的血，才不是白流的。

《全民世紀》 六十二年三月十八日

古三漢河之旅

一、巢湖憶往

巢湖的誕生，和一些偉人一樣，有著神異的傳說。例如：《續博物志》載：李耳母見日精下落如流星，飛入口中，懷孕七十二年於李樹下，剖左腋生子，長十二尺等。巢湖的誕生，根據漢淮南王劉安著《淮南子》，晉、干寶撰《搜神記》等多種古籍，其主題多雷同；仁心老媼得知東城門石龜眼流血，則城即陷落，應速逃避；惡作劇青年乃以雞血塗紅石龜眼，果然釀成城陷爲湖的大禍。而在地質科學上則與其他山海變異原因相同。巢湖的成因是因爲斷層活動，發生垂直斷陷產生的典型斷層湖。這種說法不好玩，我們還是把有關巢湖的神話，做一簡單的介紹。

老嫗焦姥在洶湧的濁浪中奮力搶救縣人，終精疲力竭而亡，化作一座三山九峰的姥山，屹力湖心；一雙破草鞋化作兩座隨著湖水漲落升沉的鞋鞋山；連土法自製的胭脂也化作胭脂魚，和巢湖名產銀魚同樣美味可口。與老母一起搶救縣民身亡的女兒，則化作一座姑山—孤山，日夜仰望著母山。晉、太康年間，皇帝頒旨爲焦姥在姥山建聖妃廟祭祀；明崇禎、廬州知府嚴爾珪建塔於筆架山，建至四層因調職停工，迨清光緒李鴻章續建三層，造型優美古樸，湖光山色盡收眼底。

中廟又名忠廟，初建於東吳赤烏二年，與城陷爲湖的巢湖同壽。奉祀長江以北備受老百姓信仰的碧霞元君。中廟建在巢湖北岸延伸湖面一百公尺朱砂色石磯的鳳凰台上。傳說是祖師爺魯班所建，其刨木的刨花飛落湖中化爲刨花魚呢。廟基下有五座紅砂岩天然的仙人洞半沒水中；從空中鳥瞰，巢湖北岸像一隻展翅欲飛的鳳凰；巍峨華麗的中廟，極似丹鳳彩冠，只是多次毀於祝融，近年雖修復，已不復舊觀。右翼是黑石嘴，左翼是建在突出湖中如彩色圓柱的東磯上的白衣庵，有如展翼待飛的雙翅，鳳尾則是長滿蘆葦的盧杞嘴，近年爲興水利，除民害，興建水閘後，鳳尾已沒入湖中。

湖四周旅遊景點甚多，簡述其著者，如：

泊山洞：洞分上中下層，洞中鐘乳石形狀各異；或如佛陀，或如龍虎、魚龜、花、枝、柱旗，黃姑下嫁，「喜」、「壽」並陳…等。

仙人洞：爲石灰岩溶洞，可容千人，有古碑文「黑白二洞，屯兵百萬」，至今深不可測。其鄰月牙洞上，有如斧削，高達百公尺之巨石絕壁，有株千年白牡丹破石而出，譽爲「銀屏奇花」。

太湖山：是國家級森林公園，天然溶洞數處，有三百五十多種樹木，一百多種飛禽走獸，五百多種藥用植物，是中華藥寶庫。

此外，發現三十萬年前銀山猿人化石，五十萬年前和縣猿人化石；及二億五千萬年前的魚龍化石。其他如五千年前的古文物，對中華歷史文化有重大的貢獻。

二、古鎮三河

合肥三河鎮，古名三漢河，已有二千五百年歷史，原是巢湖中的小洲，爲鳥類棲息之所，名爲「鵲渚」。後來巢湖網魚人在鵲渚上結廬避風，始有人居住。

三河之名首見於《大明一統志》：「三河在府城南九十里，其源有三，合而爲一，入巢湖。」此名稱可能是從南北朝後期「三漢河」演變而來。

那麼，三河是哪三條河呢？是豐樂河、杭埠河、新河。

三河是合肥、廬江、舒城三邑犬牙交錯之地。古時三河河流寬廣，枝津迴亙，可容船萬艘，爲皖中農、林、水產集散地。往日，鎮上各色商店林立，連鴉片煙館也有五十多家，還有一座美國的基督教福音堂，可想見當時的興盛。

我家前是光潔的青石板街道，屋後是舟楫往來繁忙的三河。一九五七三年榮獲諾貝爾物理獎的楊振寧博士，是合肥人，其母舅家即河三河人。遠征緬甸大敗日軍的名將孫立人，祖籍也是三河鎮。

一九三七年七月，家對面的白牆一夜間變成黑牆，不解的問祖父什麼原因？風趣的祖父唱道：「白牆改黑牆，爲的是防禦；要想中國勝，努力打東洋。」原來日本人侵略中國了！次年農曆五月，大隊日軍乘汽艇經巢湖，溯新河而上，佔據三河鎮。由於三河人民英勇反抗，迫使日軍於同年七月撤回合肥城內。在這佔據的八十三天中，日軍姦淫擄掠，人神共憤；有家亨源米行，是筆者表親家開的，幼時常去米店玩，已成爲日軍輪姦的淫窟！前一年即遷回巢湖北岸老家的祖父，從三河親友輾轉聽到這些惡耗，既悲憤，也慶幸一家人已離開三河鎮，不然，不知道會遭到什麼不幸？

一九九六年退休後首度返鄉探親，再訪三河鎮，進入鎮前，經過一座寬闊大橋，左下是寬闊的河道，貨輪雲集。小時候到對街親友家抓蛐蛐的大後院，已是繁華新市集的一部分。而舊居後往日舳艫相接的河道，則汙塞乾涸，蔓草叢生，尋不到一絲往日風采。上小學時必經的三孔石橋，也若駝背老人，蜷伏兩岸，不復過去「看：浪淘盡，千帆財帛」的英姿。